和歌山大学経済学部研究叢書 26
Faculty of Economics
Wakayama University

明・景泰帝謚號研究

滝野邦雄【著】

· Jingtai's Posthumous Title

O Kunio

東京 白桃書房 神田

目次

序章

清政権の見解になるが、欽定『明史』（乾隆四年〔一七三九〕刊本）の景帝紀論賛は、景泰帝を次のように評価する。

賛に曰く、景帝（景泰帝）倥偬（事態の差し迫る）の時に當りて、奉《う》けたる命もて居攝（幼い皇太子に代わって政務を処理する）し、旋いで大位を正し以て人心を繫ぐ。事の權《かり》にして其の正を得る者なり。篤く賢能に任じ、政治に勵精す。强寇　深く入るも、宗社　乂安なり。再造の績　良《まこと》に偉なりと云う。而して乃ち易儲に汲汲たり、［また、英宗を］南内に深く錮《とじこ》め、朝謁　許さず、恩誼　恝然（冷淡）たり。終に輿疾（病気を抱えて車に乗る）もて齋宮にあるに於いて、小人　間に乘じて竊發（事を起こす）す。事　起こること倉猝なりて、克《よ》く令名（名声）を以て終わらず。惜しいかな（『明史』巻十一・本紀第十一・景帝紀・論賛・九葉〜十葉）[1]。

（景泰帝は、兄の英宗が捕虜になるという非常事態の時に、監国に命ぜられて幼い皇太子に代わって政務を処理した。続いて皇帝に即位し、人心をつないだ。これは時宜に応じた仮の対応であるが正しい行為であった。そして有徳で有能な者を任命し、政務に精励した。強敵に内地に攻め込まれても、国家は安定した。再生の功績は、ほんとうに並外れているとすべきである。しかし、皇太子であった兄英宗の子（後の憲宗成化帝）を廃し、自分の子を皇太子にすることに汲々とし、また帰還した英宗を軟禁状態にし、謁見を許さず、冷淡であった。そうして景泰帝が病を抱えて齋宮に居る時に、小人が英宗を復位させた。この事はにわかに起こり、景泰帝はすぐれた

評価を得て終えることができなかった）

欽定『明史』では、景泰帝（宣徳三年〔一四二八〕八月三日～天順元年〔一四五七〕二月十九日）[2]が非常時に即位し、難局を乗り切ったことは評価する。ただし、兄の皇帝英宗（宣徳二年〔一四二七〕十一月十一日～天順八年〔一四六四〕正月十七日）に対する処遇と皇太子の廃位とは否定的に取り扱われる。そして最後に帝位を奪還されたことで、名声をもって終わらなかったとする。

この欽定『明史』の論賛で言及される景泰帝の即位・英宗に対する処遇・皇太子変更の問題は、景泰帝に贈られた謚號とおおきくかかわってくる。

そもそも、景泰帝は、兄の英宗の長子（後の憲宗成化帝：正統十二年〔一四四七〕十月二日～成化二十三年〔一四八七〕八月二十二日）を皇太子としたうえで、一代かぎりの皇帝という条件で帝位につく。英宗が土木堡で瓦剌《オイラート》の捕虜になり、そのまま連行されていったためである。勢いに乗じて北京にきた瓦剌の也先《エセン》から北京を守り抜き、国勢を盛り返した。ただし、即位してしばらくすると一代かぎりの約束を反故にして英宗の長子（後の憲宗成化帝）を廃し自分の子を新しい皇太子に立てた。しかし、すぐにその新しい皇太子が亡くなる。そして景泰帝は、皇太子を定めないうちに、いわゆる奪門の変がおこり、帝位を追われ、にわかに亡くなってしまう。

亡くなると兄の英宗によって、郕王として「戾」と謚される。そして、いちどは廃位された英宗の皇太子（憲宗成化帝）が即位すると、明朝歴代の皇帝の廟（太廟）に入れて祭祀することは認めないものの、景泰帝が帝位にあったことは受け入れて、皇帝としての謚号「恭仁康定景皇帝」を贈る。ただし、郕王として贈られた「戾」という謚号はそのままであったし、明朝歴代の皇帝を祭祀する廟（太廟）に入れないという意味で、廟号は贈られないままであった。

ただし、南明政権は、「符天建道恭仁康定隆文布武顯德崇孝景皇帝」と謚し、「代宗」という廟號を贈る。清政権では、憲宗成化帝の贈った「恭仁康定景皇帝」のみを用いる。
つまり、景泰帝の諡號・廟號は次のようになる。

英宗による郕王としての諡：戾（諡號）
憲宗成化帝による皇帝としての諡：恭仁康定景皇帝（諡號）廟號なし
南明政権による諡：符天建道恭仁康定隆文布武顯德崇孝景皇帝（諡號）代宗（廟號）
清政権による諡：恭仁康定景皇帝（諡號）廟號なし

諡號を通してみると、英宗とその子の憲宗成化帝の景泰帝への待遇は冷淡である。英宗については、帝位を返還されず幽閉されていたため「戾」字を贈ったことは理解できる。また、憲宗成化帝の贈った「景」字は、見かけはよさそうに見える諡號であるがかなり批判的な意味を持つ文字であった。そこに憲宗成化帝の複雑な気持ちがあらわれている。
本書では、英宗と憲宗成化帝が景泰帝の諡號を「戾」字や「景」字に決定した経緯を考え、そして、それぞれの諡號に込められた意味を検討したい。

なお、英宗の帰還からいわゆる奪門の変にいたるまでの経緯については、以下の拙稿を参照していただければと思う。

「明・景泰帝の諡號について（1）」（和歌山大学経済学会『経済理論』第367号・2012年）
「明・景泰帝の諡號について（2）」（和歌山大学経済学会『経済理論』第369号・2012年）

「明・景泰帝の諡號について（3）」（和歌山大学経済学会『経済理論』第373号・2013年）
「明・景泰帝の諡號について（4）」（和歌山大学経済学会『経済理論』第374号・2013年）
「明・景泰帝の諡號について（5）」（和歌山大学経済学会『経済理論』第389号・2017年）
「明・景泰帝の諡號について（6）」（和歌山大学経済学会『経済理論』第390号・2017年）

注

（1）よく利用される欽定『明史』本紀論賛はこのようになっている。ただ乾隆帝はこの欽定『明史』本紀に疎略な箇所があったとして、乾隆四十二年（一七七七）に「本紀二十四巻」を再編纂させている。その新しい論賛では、景泰帝は次のように評価される。

贊に曰く、景帝（景泰帝）奉《う》けたる命もて居攝（幼い皇太子に代わって政務を処理する）するは宜しきなり。倥傯（事態の差し迫る）の際に大難怵心（心を驚かせる）するに當りて、賢を任じ、政に勤む。宗社　再安なり。所謂ゆる「其れ亡びん、其れ亡びんといいて、苞桑に繫《つな》ぐ」（『易』否卦・九五爻辭[①]）者なるか。其の逾月に即位し、易儲に汲汲たり、［さらに、英宗を］南内に深く錮《とじこ》め、恩誼　恝然（冷淡）たり。終に輿疾（病気を抱えて車に乗る）もて齋宮にあるに于いて、小人　間に乗じて利を邀む。事　起こること倉猝なりて、克《よ》く令名を以て終わらず。惜しいかな（民國二十一年（一九三二）故宮博物院影印本『明史本紀』巻十一・本紀第十一・景帝紀・論贊）。

①『易』繫辭傳下に「子曰、危者、安其位者也、亡者、保其存者也、亂者、有其治者也、是故君子安而不忘危、存而不忘亡、治而不忘亂、是以身安而國家可保也、易曰、其亡其亡、繫于苞桑（子　曰く、危き者は、其の位に安んずる者なり、亡びる者は、其の存を保つ者なり、亂るる者は、其の治を有《たも》つ者なり、是の故に君子は安くして危うきを忘れず、存して亡ぶを忘れず、治にして亂を忘れず、是《ここ》を以て身は安くして國家は保つ可きなり、『易』に曰く、其れ亡びん、其れ亡びんといいて、苞桑に繫ぐ、と）」。

（景泰帝が命ぜられて幼い皇太子に代わって政務を処理したのは正しいことであった。事態が差し迫る際に、［誰もが］大難に驚くにあたって、賢者を任命し、政務に勤め、国家は再び安定した。これは［『易』にいう］「其れ亡びん、其れ亡びんといいて、苞桑に繫《つな》ぐ」というものであろう。しかし、一ヶ月後には皇帝に即位し、自分の子を皇太子とするのに汲々とした。さらに帰還した英宗を南内に幽閉し、冷淡であった。そうして景泰帝が病を抱えて齋宮に居る時に、小人が間隙を突いて［英宗を復位させ〕利益を求めた。この事はにわかに起こり、景泰帝はすぐれた評価を得て終えることができなかった。残念なことである）再編集された論賛では、即位する前の監國であった時の政治については「宜しきなり」とする。しかし、一か月後に即位し、自分の子供を皇太子にし、英宗を幽閉したことから、「克《よ》く令名を以て終わらず（すぐれた評価を得て終えることができなかった）」と評価する。つまり、もともとの欽定『明史』の論賛では、自分の子供を皇太子にしたことと英宗を幽閉したことの二点を非難するが、再編集された『明史』の論賛では、その二点に加えて皇帝に即位したことも含めて批判している。

（2）景泰帝の呼び方は、史料によっては憲宗成化帝の贈った「恭仁康定景皇帝」から全体を統べる本来の諡の「景」字を用いて「景帝」と呼ぶものもあり、南明政権の贈った廟號の「代宗」を用いるものもある。本書では、年號の「景泰」によって「景泰帝」と呼ぶことにする。また、英宗については、最初の年號が「正統」で、復辟後は「天順」なので、廟號の「英宗」で呼ぶ。

第一章　景泰帝の謚號「戾」

（1）英宗の復位

景泰八年（天順元年）正月十六日夜、いわゆる奪門の変がおこり、幽閉状態にあった英宗は帝位に復帰する。そして、二十一日に、年号が「景泰」から「天順」に改元される(1)。

［天順元年］丙戌（二十一日）、復位するを以て改元す（『大明英宗法天立道仁明誠敬昭文憲武至徳廣孝睿皇帝實録』巻二百七十四・「天順元年正月丙戌（二十一日）」条）。

改元を行なった英宗は、「改元」をした日に次のような詔を出す。

［天順元年正月丙戌（二十一日）］詔して曰く、朕（英宗）昔《むかし》恭しく天命を膺《う》け、大統を嗣ぎ承く。十有五年《ママ》民物康阜（人々は安楽で豊か）なり。［しかし］不虞（思いがけない）の北虜の變あり。惟だ宗社生民を以ての故に、親《みず》から六師を率い之を禦《ふせ》がんとし、庶弟の郕王を以て監國とす。意《おも》わず兵律（軍隊の統制）御を失い、乗輿　遮てらる。時に文武の群臣　既に皇太子を立てて之を奉ず。豈に期せん監國の人、遽に當宁（皇帝）の位を攘《ぬすむ》せんことを。既にして皇天　禍を悔い、虜酋　心を格《ただ》し、朕（英宗）を奉じて南還す。［ところが景泰帝は］

既に復辟の誠無く、反って［朕（英宗）を］幽閉するの計を為す。旋《つ》いで皇儲（皇太子）を易《か》え、己の子を立つ。惟だ天　佑《たす》けず、未だ久しからずして亡くなる。［そして、景泰帝は］諫諍（直言）を杜絶し、愈益《ます》ます執迷（固執して悟らない）す。矧《いわ》んや失徳（罪過）の良《まこと》に多く、沉疾（重病）の療《いや》し難きを致し、朝政　臨まず、人心斯れ憤るをや。廼《すなわ》ち今月十七日、朕（英宗）公・侯・駙馬・伯及び文武の群臣・六軍・萬姓の擁戴する所と為り、遂に命を聖母皇太后に請い、祗《つつし》みて天地・社稷・宗廟に告げ、今年正月十七日を以て復して皇帝の位に即き、躬から幾務（政務）を理め、家邦を保固（強固）にす。其れ景泰八年を改めて天順元年と為し、天下に大赦し、咸な與に「維れ新た」（『詩經』大雅・文王之什・文王）にす。所有《あら》ゆる合《まさ》に行なうべきの事宜（事務事項）もて後に條示す。……於戲《ああ》、「多難もて邦を興す[1]」は、高帝（漢の高祖）平城を脱し、漢を肇《はじ》むるあり。「殷憂（憂傷）もて聖を啓く[2]」は、文王　羑里より出で、以て周を開くあり。天地　既に其の正（正統）に復す。人心　是に由り以て咸な安んず。諮《ああ》爾《なんじ》萬方（各地）の臣民、同じく忠誠を秉《と》り、皇極（帝王の打ち建てる中正不動の標準）に會歸[3]し、予が政理（政治）を弼《たす》け、永しえに太平を享けん。天下に布告し、咸な聞知せしめよ、と（『大明英宗法天立道仁明誠敬昭文憲武至德廣孝睿皇帝實錄』巻二百七十四・「天順元年正月丙戌（二十一日）」条）。

①内乱が重なりながら、それによって国家を安定し、領土をひろげる：『左傳』昭公四年に「鄰國之難、不可虞也。或多難以固其國、啓其疆土。或無難以喪其國、失其守宇（鄰國の難は、虞《のぞむ》可からず。或いは難多くして以て其の國を固くし、其の疆土を啓《ひら》く。或いは難無くして以て其の國を喪い、其の守宇を失う）」。

②『晉書』元帝紀に「或多難以固邦國、或殷憂以啓聖明（或いは難多くして以て邦國を固くす、或いは殷憂し以て聖明を啓く）」。

③『書經』洪範に「會其有極、歸其有極（其の有極に會し、其の有極に歸《き》す）」。

（朕（英宗）は、以前うやうやしく天命をうけて、皇位を継承した。治世の十五年間《ママ》（十四年）人々は安楽で豊かであった。しかし思いがけない北虜の騒乱があり、ただ国家や人々のために、みずから軍隊を率いて出陣して防衛しようとし、庶弟の郕王を監國とした。ところが、思いもよらず軍隊が統制を失い、陣中に乗輿が隔てられてしまった。その時、北京の文武の臣が皇太子を立て仕えた。どうして監國の郕王がにわかに皇位を盗むようなことに思いいたるであろうか。天は、禍を悔やみ、虜酋は心を正して、朕（英宗）を奉じて帰還させた。郕王（景泰帝）は、皇位を返還するような誠意を持ち合わせず、反対に［朕（英宗）を］幽閉するというはかりごとをなした。その上、皇太子（英宗の長男の見深：後の憲宗成化帝）を変更して、自分の子の見濟を皇太子に立てた。ただし天は郕王（景泰帝）に味方せず、しばらくして皇太子に立てた見濟は亡くなる。そして、郕王（景泰帝）は直言を杜絶し、益々自分に固執してしまった。ましてや失徳がほんとうに多く、郕王（景泰帝）の重病はよくならず、政務に臨まず、人々が憤るにおいてはなおさらであった。そうして、本月十七日に朕（英宗）は公・侯・駙馬・伯や文武の臣や軍隊や人々の推戴するところとなり、とうとう皇太后に願い出て、天地・社稷・宗廟に報告して、今年の正月十七日をもって帝位に復帰して、自身で幾務（重要な政務）を取り仕切り、家邦を強固にすることになった。郕王（景泰帝）の景泰八年を天順元年とし、天下に大赦して、すべてを刷新する。……内乱が重なりながら、それによって国家を安定し、領土をひろげるというのは、漢の高祖が匈奴に囲まれた平城を脱出し、漢王朝を創始したようなものである。深い憂いから聖なる明知を悟り啓いたのは、周の文王が殷の紂王によって羑里に幽閉されたものの釈放され周の礎を築いたようなものである。天下はすでに正統に戻った。人々はそのおかげで安堵した。各地の臣民は、忠誠をかたく守り、帝王の打ち建てる中正不動の標準（蔡沈「書集傳」の解釈による）に帰して、朕（英宗）の政治を輔佐し、ともに永遠に太平を享受せよ。ここに天下に布告して、人々に告知させる）

英宗は、

①監國の郕王（景泰帝）が皇位を盗み即位し景泰帝となる

②英宗に皇位を返さず、幽閉した

③皇太子を自分の子供に変更した

という三点を挙げて、郕王（景泰帝）を非難する。

「豈に期せん監國の人、遽に當宁（皇帝）の位を攘《ぬすむ》せんことを」などと記している箇所などは、たとえ英宗が復辟を果たした奪門の変の時に功績のあった徐有貞（初名は珵。字は元玉、号は天全・天存・元武・省齋など。江蘇呉縣の人。永樂五年〔一四〇七〕～成化八年〔一四七二〕。宣德八年癸丑科〔一四三三〕二甲三十三名の進士）の手になるものであっても、(2) 英宗の郕王（景泰帝）に対する思いそのものであったのではないだろうか。

同日に英宗は、宗廟にも復辟の報告を行なっている。ただし、そこには郕王（景泰帝）が病気になったために、やむをえず帝位に復帰したというのみで、きびしい批判の言葉はない。

［天順元年正月］丙戌（二十一日）、復位・改元を以て寧陽侯の陳懋を遣りて太廟に告げ、及び駙馬都尉の薛桓（宣宗宣德帝の二女の常德公主を娶る。公主は正統五年（一四四〇）に下嫁し、正統六年（一四四一）に薨ずる）を遣りて長陵（永樂帝）・獻陵（仁宗洪熙帝）・景陵（宣宗宣德帝）に告げしむ。其の告辭に曰く、祁鎮（英宗）は不腆（浅はか）にして、退居し閒逸（隠居してすごす）すること七年なり。茲頃《このころ》に于いて弟皇帝の祁鈺（景泰帝）疾有るに因り、躬《みず》ら郊社宗廟を祀《まつ》り、朝政を臨視する能わず。人心　危疑し、自から安輯（安定）せず。乃ち文武群臣の擁戴する所と為り、已む得ず、十七日に於いて復して皇帝の位に即き改元し、以て國家を安んず。茲に特に齋を致し謹しみて用《も》って告知す（『大明英宗法天立道仁明誠敬昭文憲武至德廣孝睿皇帝實錄』巻二百七十四・「天順元年正月丙戌（二十一日）」条）。

（寧陽侯の陳懋を太廟に、駙馬都尉の薛桓を長陵（永樂帝）・獻陵（仁宗洪熙帝）・景陵（宣宗宣德帝）にそれぞれ派遣して、英宗の復位と改元とを報告させた。その告辭は、「祁鎮（英宗）は、浅はかであったため、隠居して過ごすこと七年でありました。この頃、弟の皇帝の祁鈺（景泰帝）が病気となり、自分から宗廟を祀《まつ》り、政務を執ることができなくなりました。人々は危惧し、安定しませんでした。そこで、文武の諸臣よって推戴されたため、やむを得ず、十七日に帝位に復帰して改元を行ない、国家を安定させました。ここに斎戒して謹んでご報告申し上げます」というものであった）

同じくこの日に、駙馬都尉の焦敬を太祖高皇帝・孝慈高皇后の廟に派遣して、ほぼ同じ内容の報告を行なっている。やはり、郕王（景泰帝）が病気になったために、やむをえず帝位に復帰したと報告する。

駙馬都尉の焦敬①を遣りて香幣（祭祀に用いる香と幣帛《へいはく》）を祗奉（謹んで献上する）し、太祖高皇帝・孝慈高皇后に昭告（明白に告知する）して曰く、祁鎮（英宗）は不徳にして先訓を奉承する能わず。在位十有五年《ママ》（十四年）中に變を罹る。故に南宮に退居すること、又た七年なり。比《このごろ》、弟の祁鈺（景泰帝）疾有りて視朝する能わず、庶政（各種の政務）決する莫きを以て人心　危疑す。在廷の文武の群臣　宗社の大計を以て協力同心して祁鎮（英宗）を迎復して、萬幾を總理し、以て天下を安んぜしむ。已に今年の正月十七日に於いて、祗《つつし》みて天地・宗廟・社稷に告げ、復して皇帝の位に即き、大赦・改元し、庶政を一新す。皆な祖宗在天の靈　茲《ここ》に庇蔭（庇護）を垂れ、懷《ふところ》に倦切（懇切）にし、夙夜　忘れざるに頼らん。茲《ここ》に特に敬みて伸（報告）し祭告す（『大明英宗法天立道仁明誠敬昭文憲武至德廣孝睿皇帝實錄』巻二百七十四・「天順元年正月丙戌（二十一日）」条）。

①焦敬は、仁宗洪熙帝の二女の慶都公主を娶る。慶都公主は、宣德三年（一四二八）に焦敬に下嫁し、正統五年（一四四〇）に薨ずる（『明史』巻一百二十一・列傳第九・公主・仁宗七女・「慶都公主」条・十葉による）。

（駙馬都尉の焦敬を派遣して香と幣（幣帛《へいはく》）を謹んで献上し、太祖高皇帝（太祖洪武帝）・孝慈高皇后（馬皇后）に昭告（はっきりと告げる）して以下のようにいう。祁鎮（英宗）は不徳であり、ご先祖様のお教えをうやうやしく承ることができず、十五年の在位途中で変乱に巻き込まれたため、南宮で七年間隠居しておりました。近頃になって弟の祁鈺（景泰帝）が病気になり政務を執ることができなくなり、各種の政務が滞ったことから、人々は危ぶみ疑うようになりました。そこで、朝廷の文武の諸臣は、国家の大計から一致協力して、私、祁鎮（英宗）を復辟させて、あらゆる政務を統轄させて、天下を安定させようとしました。すでに今年の正月十七日につつしんで天地・宗廟・社稷に報告して、帝位に復帰し、大赦・改元を行ない、諸政を一新しました。すべては、上天にいらっしゃるご先祖様が、庇護を下して、ふところに置いて懇切にし、日夜お忘れにならないことにお頼りできたおかげです。ここにつつしんで報告申し上げます）

そして、天順元年二月一日になり、皇太后の諭(3)（自発的に下す訓示）が出される。そこでは、英宗の正月二十一日の復辟の詔の内容よりさらに激しく郕王（景泰帝）が非難される。

天順元年二月乙未朔、皇太后　制（勅命を伝える文書）もて宗室・親王及び中外の文武羣臣に［以下のように］諭す。仰ぎ惟《おも》うに太祖高皇帝（太祖洪武帝）・太宗文皇帝（永樂帝）帝業を開創し、華夷を統御す。仁宗昭皇帝（仁宗洪熙帝）鴻猷（大業）を繼述（継承）し、大いに治理（統治）を敷く。承傳して我が宣宗章皇帝の「克《よ》く寛、克《よ》く仁①」にして、萬邦　允懷（帰順）するに至る。不幸にして蚤に臣民を棄て、命を吾（皇太后孫氏）に遺す。爰《ここ》に嫡長子の祁鎮（英宗）を立てて皇帝と為すこと、已に十有五年を歴。敬天勤民（心や力を民事に尽くす）にして、［政務を］怠ること無く荒《すさ》むこと無し。比《しきり》に虜寇の邊を犯し、生靈は荼毒（害毒）を悉くすと為り、禍宗社に延《およ》ぶに因り、已むを得ず親《みず》から六師を率い、以て之を禦ぐ。此れ實に天下を安んずるの大計なればなり。意《おも》わず兵將　律を失い、乘輿　遮てらる。時に爾《なんじ》ら文武の群臣　社稷を以て重しと為し、宣宗皇帝（宣宗宣德帝）の遺詔を恪遵（恭謹に遵守する）し、表もて吾（皇太后孫氏）に皇帝の長子の見深を立てて皇太子と為すを請う。其の幼冲に因るに于いて、吾（皇太后孫氏）仍お庶次子の郕王祁鈺（景泰帝）に之を輔せんことを命ず。豈《そ》れ［景泰帝は］性　本とより梟雄（凶暴な野心家）にして、遄《すみやか》に天位に據《つ》けり。已にして虜酋　天を畏れ、帝德　愆《あやま》ち罔く、歴數（帝位継承の順序）の在る有りを知り、帝（英宗）を奉じて京に回《かえ》すを期す。而るに祁鈺（景泰帝）

既に天位を貪り、嘗《かえっ》て復辟の心無し。乃ち邪謀（陰謀）を用い、反って幽閉の計を為し、皇儲（皇太子）を廢出し、私に己が子を立て、綱常を斁敗し、彝典（舊典）を變亂し、「淫酗を縱肆にし」②、「姦回を信任し」③、奉先（祖先を祭祀する）の傍殿を毀ち、宮を建て以て妖妓を居《お》き、緝熙（光明）なる便殿（宮中の休息所）を汙《けが》し、戒を受け以て胡僧に禮す。濫《みだ》りに賞し妄《みだ》りに費《ついや》して無經（常規がない）なり。急ぎ徵し暴斂（徴税を強行する）するに無藝（限度がない）なり。府藏（財物）空虛にして、海内　窮困す。不孝不弟にして、不仁不義なり。穢徳（悪い行ない）彰聞し、神人　共に怒る。上天　震威し、屢しば明象を垂るるも、祁鈺（景泰帝）恬として知省（反省して検討してみる）せず、諫めを拒み非を飾り、造罪（罪を受けること）愈いよ甚だし。既に其の子を絶ち、又た其の身に殃して疾とし、「病　彌《いよ》いよ留まる」④なり。朝政　遂に廢れ、中外　危疑す。人　正統を思い、乃ち今年の正月十七日に於いて先朝の内臣曁び公・侯・駙馬・伯・文武の群臣・六軍・萬姓　同誠し表もて請う。已に皇帝の大位に復正し以て羣情を慰め、以て宗社を安んずるを命ず。惟うに天道　善に福し、淫に禍いすれば、吾（皇太后）當に體天（天命に依據する）し以て行罰（懲罰）すべし。人心　善を好み惡を惡めば、吾（皇太后孫氏）當に順人（民心に従う）し以て名を正すべし。母子の至情と雖も、大義に於いては宥し難し。其れ景泰（景泰帝）を廢し（皇帝としての地位を取り上げ）、僣子の祁鈺もて仍お郕王と為すこと漢の昌邑王の故事の如くし、已に群臣をして西内（皇宮の西部）に送歸し、安養（安息休養）さすを知らしめよ。於戲《ああ》、天下は乃ち祖宗の開創する所なり、天位は乃ち列聖（歴代の皇帝）の相い傳うる所なり。天位　既に復し、人心　乃ち安んず。天下に布告し、咸な聞知せしめよ、と（『大明英宗法天立道仁明誠敬昭文憲武至徳廣孝睿皇帝實錄』巻之二百七十五・「天順元年二月乙未朔」条）。

① 『書經』仲虺之誥に「克寬克仁、彰信兆民（克く寛、克く仁、信を兆民に彰《あきら》かにす）」。
② 『書經』泰誓中に「淫酗肆虐、臣下化之（淫酗《いんく》にして虐を肆《ほしいまま》にし、臣下　之に化す）」。

③『書經』泰誓下に「崇信姦回、放黜師保（姦回を崇信し、師保を放黜す）」。
④『書經』顧命に「病日臻、既彌留（病　日々に臻《いた》り、既に彌《いよ》いよ留まる）」。

（仰ぎ思うに太祖高皇帝（太祖洪武帝）・太宗文皇帝（永樂帝）は、帝業を創始され、華夷（漢民族と異民族）を統御（統一支配）された。仁宗洪熙帝は、その大業を継承され、統治をおし広められた。それを受け継がれてわが宣宗宣徳帝は、寛大で思いやり深く、あまたの国が帰順してくるようになった。不幸にして早くに臣民をお棄てになり（三十七歳で亡くなる）、遺命を私（皇太后孫氏）に伝えられた。ここに嫡長子の祁鎮（英宗）を立て皇帝として十五年が経過した。祁鎮（英宗）は、天を敬《つつし》んで民の事に心や力を尽くし、［政務を］怠ることがなく、［政務を］廃することもなかった。そうこうするうちに、しきりに虜が辺境を犯し、人々はその損害を受けつくし、禍は国家に及ぶようになったため、やむを得ず英宗みずから軍隊を率いて出陣し、これを防ごうとした。これが、天下を安んずる大計であったからである。ところが、思いもよらず軍隊が統制を失い、陣中に乗輿が隔てられてしまった。その時、なんじら文武の諸臣は、国家を重視して、宣宗宣徳帝の遺詔をつつしんで遵守し、私（皇太后孫氏）に英宗の長子の見深を立てて皇太子とすることを願い出てきた。ただし、その幼いことから、英宗の弟の郕王祁鈺（景泰帝）にその補佐を命じた。ところが郕王祁鈺（景泰帝）は、なんということか性質が凶暴な野心家であって、すぐに帝位についてしまった。しばらくして、虜酋は天を畏れて、帝王の心は間違いがなく、帝位継承の順序があることを悟り、英宗を帝都に帰還させることをきめた。しかるに祁鈺（景泰帝）は、帝位にいることに汲々として、皇位を返還するような気がなかった。そして、陰謀を企てて、英宗を幽閉するというはかりごとをなし、皇太子（英宗の長男の見深：後の憲宗成化帝）を廃位して、自分の子の見濟を皇太子に勝手に立て、守るべき道徳を破壊し、古くからの取り決めを改悪した。大酒を飲み暴虐のかぎりを尽くし、邪悪な臣を信任し、奉先（祖先を祭祀する）の傍殿を毀ち、宮殿を建てて妖妓を住まわせ、緝熙（光明）な便殿（宮中の休息所）を汚《けが》し、戒律を受けて胡《えびす》の僧侶を礼遇した。気ままに賞賜し勝手に浪費して決まりがなかった。急激な税の取り立てを行ない限度がなかった。財物倉庫は空っぽになり、天下は困窮した。まったく不孝不弟で不仁不義である。こうした悪行が広く伝わることとなり、神も人々も共に怒った。天は恐れおののかせ、しばしばはっきりとした兆候を示したが、祁鈺（景泰帝）は少しも気にかけず、反省して悟ろうとせず、忠告を拒絶して間違いを覆い隠し、罪を受けることますます甚だしかった。すでに無理やり皇太子に立てた自分の子供が亡くなり、自分の身にもわざわいが及んで病気になった。そして病がますますひどくなった。政務は執り行なわれず、内も外も危惧した。そうした時に、人々は正統な継承者の英宗のことを思った。そこで今年の正月十七日に先朝の大臣や公・侯・駙馬・伯や文武の諸臣・庶民などが気持ちを一つにして願い出たことから、英宗の帝位を復活させて皆を安心させ、国家の安定を命じた。思うに天道は善には福をあたえ、ほしいままにすることには禍をくだすのであるから、私（皇太后孫氏）は天の命ずるままに懲罰を行なうべきであろう。人々も善を好んで悪を悪むのであるから、私（皇太后孫氏）は人々の気持ちに従って名を正すべきであろう。母と子との至情であっても、大義の前では許し難い。そこで景泰帝の皇帝としての地位を取り上げ、分を越えて皇帝となった祁鈺（景泰帝）を漢の昌邑王の故事のように本来の郕王とし、諸臣をつかって内宮の西に送り届けさせた。そして、それは安息休養させることであると知らしめよ。ああ、この天下は祖宗の創始されたものである。また、帝位は歴代の皇帝が伝承してきたものである。帝位はもとに戻り、人心は満足している。このことを天下に布告して、皆に知らしめよ）

ここでも、

①監國の郕王（景泰帝）が皇位を盗み即位し景泰帝となる
②英宗に皇位を返さず、幽閉した
③皇太子を自分の子供に変更した

の三点を非難することは、同じであるが、英宗の詔の「諫諍（直言）を杜絶し、愈益《ますます》執迷（固執して悟らない）す。矧《いわ》んや失徳（罪過）の良《まこと》に多く、沉疾（重病）の療《いや》し難きを致し、朝政　臨まず、人心　斯《こ》れ憤るをや」の箇所が増幅されて、さらに激しい郕王（景泰帝）批判が展開される。

この詔においても、皇太后孫氏の名に借りて、英宗の郕王（景泰帝）に対する感情が、はっきりと記されているように推測できる。

なお、この態度について、清・乾隆帝は、次のようなことをのべる。

景泰［帝］の大位を襲據（不意に即く）するは、自《おの》ずから千秋の公論の容れざる所なり。英宗　既已《すで》に復辟すれば、固より包荒（寛大）として以てを大度を示すを妨げず。況んや實に據りて［改元して大赦するを］宣布するをや……（『御批歴代通鑑輯覧』巻一百五・「景泰八年正月、改元大赦」条の批文）。

（景泰帝が不意に帝位を即いたのは、千秋の公論が承認しないことである。この時になって、英宗がすでに復辟したのであるから、［景泰帝を非難することなく］寛大で度量の大きいことを示しても差し障りがなかった。ましてや、正式に改元大赦したのであるからなおさらである）

清・乾隆帝は、英宗が天子としての度量を示すべきであったと批評するのである。

そして、二月九日には、欽天監掌監事禮部右侍郎の湯序が、天順二年の暦に記される「景泰」の年号の変更を求めたところ、英宗は、もとのままでよいと回答した。

［天順元年二月癸卯（九日）］　欽天監掌監事禮部右侍郎の湯序　奏すらく、「郕王（景泰帝）既に舊藩に復す。義として當に其の年號を革《あらた》むべし。今、本監天順二年の暦日を成造するに、其の暦の尾の書する所の「景泰」の年號は、宜しく復するに「正統」の年號を以て之を書せん」と。上（英宗）曰く、「郕王（景泰帝）の年號は當に革《あらた》むべし。但だ朕（英宗）天倫（兄弟）の親しきを念い、忍びざる所有り。其れ舊に仍《よ》りて之を書せ」と（『大

明英宗法天立道仁明誠敬昭文憲武至徳廣孝睿皇帝實錄』巻之二百七十五・「天順元年二月癸卯（九日）」条）(4)。

（欽天監掌監事禮部右侍郎の湯序が、「郕王（景泰帝）はもともとの王にもどっておりますので、義としては郕王（景泰帝）が皇帝であった時に用いた「景泰」の年号を革《あらた》めるべきです。いま、欽天監は天順二年の暦日を作成していますが、その最後の部分に出てまいります「景泰」の年号は、［なかったことにして］「正統」の年号に書き改めたいと思います」と奏上した。それに対して英宗は、「郕王（景泰帝）の用いていた年号は、改めるべきではあるが、兄弟の親しさを考えると忍び難い。そこで、もともとの「景泰」の年号で記せ」という）

天順二年の暦に書かれる年号については、そのままにしておくようにと英宗は回答した。とりあえずは、永樂帝が建文帝に対して行なったような、年号の抹殺までは考えていなかったのであろう。

なお、この湯序は、英宗『實錄』によれば、いわゆる奪門の變の企てに参画したとして昇進した人物である。

［天順元年正月己丑（二十四日）］欽天監中官正（正六品）の湯序を陞《のぼ》（昇進）して禮部右侍郎（正三品）と為し、仍《な》お欽天監の事を管（管理）せしむ。［その昇進は］太監の曹吉祥（奪門の變の中心人物のひとり）が「［湯］序は迎駕に與謀す」と奏するに従うなり（『大明英宗法天立道仁明誠敬昭文憲武至徳廣孝睿皇帝實錄』巻二百七十四・「天順元年正月己丑（二十四日）」条）。

そうして、二月十九日に郕王（景泰帝）は薨じる(5)。英宗は、禮部に葬祭の禮を提案させる。禮部は、親王の禮に準じて行ない二日間視朝を輟《や》め、發引の日にはさらに一日間視朝を輟《や》めることを提案する。英宗は、それに従うものの、謚は「戾」とするように命令する。

［天順元年二月］癸丑（十九日）、郕王（景泰帝）薨ず。上（英宗）禮部に命じて葬祭の禮を議（提案）せしむ。禮部　議（提案）するに親王の例の如くし、視朝を輟《や》めること二日、發引に至り、復た朝を輟《や》むこと一日とす。上（英宗）之に從う。命じて謚して「戾」と曰う（『大明英宗法天立道仁明誠敬昭文憲武至徳廣孝睿皇帝實錄』

巻之二百七十五・「天順元年二月癸丑（十九日）」条）。

ここで、皇帝が亡くなった時に用いる「崩」字ではなく、王侯に用いる「薨」字を用いているのは、この時点では郕王になっていたからであろう[6]。ただ、この時、慣例と異なり、英宗は、元皇帝の郕王（景泰帝）の葬礼について、禮部に提案させている。そこで、禮部は、親王の喪の「輟朝三日」の規定に[7]したがって、二日間視朝を輟《や》め、發引の時に一日視朝を輟《や》めるように提案する。英宗は、その提案に従うが、謚は、「戾」とすることを命ずる。

ふつう『實錄』では、親王の喪が伝わると、例えば、太祖洪武帝の第二十子（『明史』列傳（巻一百十八・列傳第六・諸王三・「韓王松」条・四葉）による）の韓王松が、永樂五年に薨じた時、兄にあたる永樂帝は、

［永樂五年十月］庚戌（三十日）、韓王薨ず。［韓］王 諱は松、太祖高皇帝の第十九子なり……是《ここ》に及び薨ず。上（永樂帝）為《た》めに震悼し、朝を輟《や》めること三日。官を遣りて祭りを致す。謚して「憲」と曰う（輟朝三日、遣官致祭。謚曰「憲」。以未就國、勅有司塋葬安德門外、恤典特厚云）（『大明太宗體天弘道高明廣運聖武神功純仁至孝文皇帝實錄』巻之七十二・「永樂五年十月庚戌（三十日）」条）。

というような儀礼を行なった。また、仁宗洪熙帝の第三子の越王瞻墉が薨じた時、孫の代にあたる英宗は、

［正統四年六月］壬寅（二十六日）、越王瞻墉 薨ず。［越］王は、仁宗昭皇帝の第三子、太皇太后の出なり……是《ここ》に至り薨ず。年三十五なり。訃 聞し、上（英宗）哀悼し、視朝を輟《や》めること三日。官を遣りて祭りを致す。謚して「靖」と曰う。有司《やくにん》に命じて葬を營ましむ（輟視朝三日。遣官致祭。謚曰靖。命有司營葬）。［越］王 嗣無く、國 除かる（『大明英宗法天立道仁明誠敬昭文憲武至德廣孝睿皇帝實錄』巻之五十六・「正統四年六月壬寅（二十六日）」条）。

というような儀礼を行なった。さらに仁宗洪熙帝の第二子の鄭王瞻埈が薨じた時、曾孫の代になる憲宗成化帝は、

［成化二年五月乙酉（十五日）］鄭王瞻埈、仁廟（仁宗洪熙帝）の第二子なり……是《ここ》に至り薨ず。年六十三なり。

訃聞し。上（憲宗成化帝）朝を輟《や》めること三日。官を遣りて祭りを致す。有司《やくにん》に命じて葬事を營ましむ。諡して「靖」と曰う（輟朝三日、遣官致祭、命有司營葬事、諡曰靖）（『大明憲宗繼天凝道誠明仁敬崇文肅武宏德聖孝純皇帝實錄』巻之三十・「成化二年五月乙酉（十五日）」条）。

というような儀礼を行なった。

このように、「輟朝三日」・「遣官致祭」・「諡曰□」・「命有司營葬事」の四つの儀礼を行なったことを記録するのが（鄭靖王瞻埈の時のように、「命有司營葬事」と「諡曰□」の順序が入れ替わって記されることもある）、『實錄』の通常の書法であった。

ところが、郕王（景泰帝）の場合は、「親王の例」に従い「輟朝」を三日行なうことが提案されるものの、「遣官致祭」・「命有司營葬事」の記述がない。さらに、親王に諡号を贈る時は、『實錄』では、

諡曰「□」（諡して「□」と曰う）。

と記すのが『實錄』の記述方法であるが、ここでは「諡曰」の前に「命」字が加えられている。『實錄』でこのような書法になっているのは、管見の及ぶ限りこの時だけである。

この英宗『實錄』の記事によると、郕王（景泰帝）の葬祭は、「輟朝三日」は行なわれたものの、「遣官致祭」・「命有司營葬事」はない。そして、特に英宗自身が、郕王（景泰帝）に「戾」という諡號を贈るよう命じたと記している。すると、この「戾」と諡したことには、復辟の詔や皇太后の制に見られるような英宗の郕王（景泰帝）に対する感情があらわれていると思われる。そこで、続いて、この「戾」字の意味について検討したい。

注

（1）「天順」年號は、『易』革卦彖傳に、

湯武革命、順乎天而應乎人、革之時大矣哉（湯武　命を革めて、天に順いて人に應ず。革の時　大いなるかな）。

とあるのにもとづいたものではないかと推測できる。

商輅の問人である王獻の「榮祿大夫少保吏部尙書兼謹身殿大學士贈特進光祿大夫太傅謚文毅商公行實」（正德十六年刻『商文毅公遺行集』所収）によれば、まず英宗は年号を改めるかどうか考え、高穀が「維新」という年号を勧めた。商輅が、いくつかを準備し、その中から英宗が選ぶようにと述べたところ、「天順」に決定したという。

……［英宗は］又た曰く、「今、年號を改むるや、改めざるや」と。高穀　曰く、「『周雖舊邦、其命維新（周は舊邦と雖も、其の命　維《こ》れ新《あら》たなり）』（『詩經』大雅・文王之什・文王）とあり。宜しく維新元年に改むるべし」と。公（商輅）曰く、「［年］號は前代と同じき者多し。臣等　數《いくつ》かの年號を具（提示）せば、上（英宗）自から擇ばんことを請う」と。上（英宗）善しと稱す……（王獻「榮祿大夫少保吏部尙書兼謹身殿大學士贈特進光祿大夫太傅謚文毅商公行實」（『商文毅公遺行集』一巻・八葉～九葉）：このことは萬曆四十六年〔一六一八〕序の『商文毅公年譜』にも、「改元天順、丁丑」のこととして「英宗睿皇帝改元天順、丁丑、公年四十四歳」条に記される）。

（英宗はおっしゃった、「復辟した今、年號を改めるべきか、あらためないでおくべきか」と。高穀は、「『詩經』大雅・文王之什・文王に『周雖舊邦、其命維新（周は舊邦と雖も、其の命　維《こ》れ新《あら》たなり）』とあります。そこで維新元年となさるべきです」といった。公（商輅）は、「この年号は前代でも同じものがございます。私たちはいくつかの年号案をお示ししますので、上（英宗）ご自身でお選びいただけたらと思います」という。上（英宗）は、それがよいとされた）

なお、沈德符は、明朝の「永樂」・「天順」・「正德」の年号は、以前にも使われたとする。そして、「天順」の年号については、武人の石亨などが、耳ざわりのよい語句を選んで英宗からの恩寵をはっきりさせようとしたもので、じっくり考えて選ばれたものではないという。

【年號】古來の紀年　重複（重複）を犯すこと有る者多し。卽ち本朝も亦た之れ有り。「永樂」・「天順」・「正德」の如きは、皆な是れなり……英宗　復辟し、石亨輩は倶に武人にして第《た》だ美名を取りて以て天眷（英宗の恩寵）を彰かにせんとす。豈に能く諦考せんや……（『萬曆野獲編』巻一・「年號」条）。

さらに、沈德符は、年号としての「天順」の用例と李珍の年号偽称とを次のように紹介している。

【天順年號】景泰七年秋、妖賊の李珍なる者あり。浙［江］の錢塘の人なり、火居道士[1]爲《た》り。苗賊　亂を作すと聞き、往きて之に投ぜんとす。武當山の道士の魏元沖に途に遇い、與《とも》に言《ものい》い[2]、「我　異相有り、汝　我に隨いて當に富貴なるべし」と。因りて同じく苗賊に往き、銀を寨中に執して謂いて曰く、我は唐の太宗の後なり。生れし時に紫氣有ること三晝夜なり。今、空中に人言を聞くに、我に兵を率いて天下を征討するを命ず。遂に［魏］元沖と同じく此に至る。苗賊　倶に之に順い、築臺す。皇帝と僞稱し、「天順」の年號を書し、苗首等を封じて侯及び都司等官と爲す。兵二萬を率いて天柱に至る。都指揮の湛清の爲に擒獲さる。京に解《おく》られ之を磔す③。數月ならずして上皇　復辟し、正に此の紀年を用う。萑苻《かんふ》の小寇④　乃ち聖主と同號なり。蓋し［この李珍が反乱を起こしたことと英宗の復辟には］機兆（兆候）あり。亦た偶然に非ざるなり（突然起こったものではない）。但だ「天順」の二字は、遼の穆宗に在りて已に自から稱して徽號（臣下から奉る功德をたたえる尊号）と爲す⑤。金の宣宗の時、益都の楊安兒なる者、亦た「天順」を僭號す⑥。故元の泰定帝の崩ずるに至り、其の太子の阿速吉（天順帝）入りて、上都に卽位し、亦た「天順」を以て年號と爲す⑦。倶に之を史册（史書）に著す。時に武人の石亨の輩は責むるに足らず。徐武功も亦た不學の甚しきなり（『萬曆野獲編』巻一・「天順年號」条）。

① 『留青日札』巻之二十七・「火居火宅」条に「今道士之有室家者、名爲火居道士（今の道士の室家（妻）有る者、名づけて火居道士と爲す）」。

② 『禮記』王制に「……是故公家不畜刑人、大夫弗養、士遇之塗、弗與言也（是《こ》の故に公家は刑人を畜《やしな》わず、大夫は養《やしな》わず、士は之に塗《みち》に遇うも、與《とも》に言《ものい》わざるなり：天子・諸侯の家では犯罪者を養っておくことはせず、大夫の家では犯罪者の面倒をみるようなことはせず、士は犯罪者に道に遇っても会話しない）……」。

③ 『大明英宗法天立道仁明誠敬昭文憲武至德廣孝睿皇帝實錄』巻二百六十八・廢帝郕戾王附錄第八十六・「景泰七年七月壬申（五日）」条とほぼ同じ。

④ 『春秋左氏傳』昭公二十年に「大叔爲政。不忍猛而寬。鄭國多盜。取人於萑苻之澤。大叔悔之、曰、吾早從夫子、不及此。興徒兵以攻萑苻之盜、盡殺之。盜少止（［鄭の子産の後を受けた］大叔（游吉）政を爲す。猛に忍びずして寬なり。鄭國盜多し。人を萑苻《かんふ》の澤に取る（萑苻の澤で人々が追いはぎに遇った）。大叔（游吉）之を悔いて曰く、吾　早に夫子（子産）に從えば、此に及ばず、と。徒兵を興して以て萑苻の盜を攻め、盡く之を殺す。盜　少しく止む）」。

⑤ 『遼史』に「穆宗孝安敬正皇帝、諱璟、小字述律……卽皇帝位、羣臣上尊號曰「天順皇帝」（穆宗孝安敬正皇帝、諱は璟、小字は述律……皇帝の位に卽《つ》き、羣臣　尊號を上《たてま》つりて「天順皇帝」と曰う）」（『遼史』巻六・本紀第六・穆宗上）。

⑥ 『金史』（巻一百二・列傳第四十・「僕散安貞」）參照。

⑦ 『元史』に「九月、倒剌沙《タオラシャ》［泰定帝の］皇太子（天順帝）を立てて皇帝と爲し、「天順」と改元し、天下に詔す」（『元史』

巻三十・本紀第三十・泰定帝二)。

(景泰七年の秋、妖賊の李珍なる者がいた。浙江錢塘の人で、火居道士であった。苗賊が反乱を起こしたと聞き、これに参加しようとした。[『禮記』王制でいう士でない李珍は]、湖廣の武當山の道士の魏元沖に道で出会って会話して「私は異相である。汝は私に付き従って富貴となるべきである」と言った。そこで、一緒に苗賊のところに行き、寨中で銀を取り出して「私は唐の太宗の子孫である。生れた時に三昼夜にわたって[帝王の出現を示す]紫氣があらわれた。今、空からの人の声を聞くと、私に兵を率いさせて天下を征伐せよとあった。そこで魏元沖とともにここにやってきた」と述べた。苗賊は皆でそれに従って、臺を築いた。皇帝と偽称し、「天順」の年號を書いて、苗賊の首領たちを侯や都司等官に任命した。兵二万人を率いて湖廣の天柱にやってきた。しかし、都指揮の湛清によって捕らえられ、都に護送されて礫となった。数カ月経たないうちに、上皇(英宗)は復辟し、まさしくこの年号を使用した。[『左傳』にいう]萑符の盗賊のようなちっぽけな寇賊が偽称した年号と聖主がお決めになった年号とが同じであった。おそらく、もともと[李珍が反乱を起こしたことと英宗の復辟とは]機兆(兆候)があったのである。ふたつとも突然に起こったものではない。但だ「天順」の二字は、遼の穆宗の時に自分から徽號(尊号)として用いた。金の宣宗の時には、益都の楊安兒という者が、亦た「天順」を僭称した。元の泰定帝が亡くなり、その太子の阿速吉(天順帝)が上都で即位して「天順」を年号とした。これらはすべて史書に記録されている。[このような年号を選定した責任を問うのは]この時の武人の石亨などは値しない。徐武功もまたほんとうに学がなかったのである)

(2) 陸釴《よく》(正徳『姑蘇志』(巻第五十二・人物十・名臣・四十七葉~四十八葉)などによると、字は鼎儀。江蘇崑山の人。天順八年甲申科(一四六四)一甲二名の進士(會試では會元):この科は試験場の火災により會試は八月に挙行され、殿試は翌年の天順八年甲申(一四六四)に行われた。そのため天順七年癸未科(一四六三)ともいう:『病逸漫記』を陸釴が著したというのは、乾隆『江南通志』以後の地方志に見える)の『病逸漫記』によると、この疏は徐有貞の手になるという。

[天順元年]諸學士[英宗の]復位の詔を草(下書き)するに、[徐]有貞のみ獨り署(署名)せず、已にして上(英宗)故を問う。[徐]有貞 乃ち別に詔草を挾みて以て進む。内に「豈期監國之人、遽攘當宁之位(豈に期せん監國の人、遽に當宁(皇帝)の位を攘《ぬす》まんことを)」等の語ありと云う(『病逸漫記』① 無巻數:『四庫全書存目叢書』(子部・二四〇冊)所收の「明白寉山房鈔本」による)。

① 『四庫全書總目』によると『病逸漫記』は、「明の陸釴撰。是の書は當時の事實を雜記す……是の書は猶お以て志乘の採に備う可し。然れども其の他の多くの宂瑣の談は、盡くは考證に資するに足らざるなり」(『四庫全書總目』巻一百四十三・

子部五十三・小説家類存目一・「病逸漫記」条）といわれる。

黄雲眉の『明史考證』は、『紀錄彙編』所収の『病逸漫記』を引用し、このことは「當に信ずべきなり」とする。

按ずるに詔は『實錄』に載す。『病逸漫記』に謂う「徐有貞　獨り此の詔を草して云う、諸々の學士　復位の詔を草し、［徐］有貞　獨り署（署名）せず。已にして上（英宗）故を問う。［徐］有貞　乃ち別に詔草を挾みて以て進む、内に「豈期監國之人、遽攘當寧《ママ》（『病逸漫記』も『實錄』も「宁」に作る）之位」等の語ありと云うと。蓋し景泰帝　簒（簒奪）を爲すと謂うなり」と①。今、丙戌（二十一日）の詔を検べるに中に此の二語を著す。則ち［徐］有貞の手に出ずの言　當に信ずべきなり（中華書局一九八五年刊『明史考證』第一冊・一一九頁・明史卷十二（英宗後紀）考證「天順元年春正月丙戌、詔赦天下」条）。

①『紀錄彙編』所収の『病逸漫記』は、黄雲眉の引用どおりである。しかし、『四庫全書存目叢書』（子部・二四〇冊）所収の「明白寉山房鈔本」は、「蓋し景泰帝　簒を爲すと謂うなり」の句がない。

（3）この皇太后は、宣宗宣德帝の皇后で英宗の生母の孫氏である。皇太后孫氏は、郕王（景泰帝）が監國に就く時や即位する時に敕書を出している。

孝恭懿憲慈仁莊烈齊天配聖章皇后孫氏、鄒平の人、會昌伯孫忠の女なり。初め貴妃と爲り、英宗を生む。宣德三年三月、立て后と爲す。十年正月、英宗　即位し、尊んで皇太后と爲す。正統十四年九月、郕王　即位し、尊んで上聖皇太后と爲す。英宗　復辟し、天順元年正月、尊んで聖烈慈壽皇太后と爲す。［天順］六年九月初四日　崩ず。景陵に合葬す（『山志』一集卷一・「大明世系」条）。

なお、もともとの宣宗宣德帝の皇后は胡氏であったが、宣宗宣德帝の強い希望で、宣德三年に皇后の位を孫氏に譲っている。

恭讓誠順康穆靜慈章皇后胡氏は、濟寧の人、錦衣都督胡榮の女なり。永樂十五年七月、冊《た》てて皇太孫妃と爲る。仁宗（仁宗洪熙帝）即位し、進みて皇太子妃と爲る。洪熙元年六月、宣宗（宣宗宣德帝）即位し、七月　立ちて皇后と爲る。宣德三年十二月、上表して位を貴妃孫氏に讓り、號を靜慈仙師と賜う。三《ママ》年三月、退き長安宮に居す。張太后（仁宗洪熙帝の皇后）其の賢なるを憐れみ、命じて清寧宮に居らしむ。正統八年十一月初五日　崩ず。天順七年七月、后位の號を復され、尊號を上《たてま》つられ、金山に葬らる（『山志』二集卷一・「大明世系」条）。

ただし厳密にいうと、この二月一日の段階では、郕王（景泰帝）の生母の吳氏が皇太后であった。景泰帝の生母の吳氏は、正統十四年九月に景泰帝が即位すると、その十二月に皇太后となるが、英宗が復位した天順元年二月六日に廢されて妃となっている。

［天順元年二月庚子（六日）］命じて郕王（景泰帝）の立つる所の皇太后吳氏は宣廟の賢妃に復號し、［郕王（景泰帝）の］皇后

汪氏は復して郕王妃と爲し、［早世した郕王（景泰帝）の］懐獻太子見濟は懷獻世子と爲し、肅孝皇后杭氏及び貴妃唐氏は倶に其の封號を革《あらた》む（『大明英宗法天立道仁明誠敬昭文憲武至德廣孝睿皇帝實錄』巻之二百七十五・「天順元年二月庚子（六日）」条）。

になる。

（4）もともとは、天順二年の暦についての限定的な変更の提案であった。ところが、後の史料では、暦のことが省略され「欽天監奏して「景泰」の年號を革除せん」と記されているため、欽天監が「景泰」の年號の全面的な削除を願い出たと理解される書き方になる。

［天順元年二月］……欽天監「景泰」の年號を革除①せんと奏す。上（英宗）曰く、朕（英宗）心に忍ばざる所有り。舊に仍《よ》りて之を書せ、と……（『皇明歴朝資治通紀（皇明通紀）』巻之十七・「丁丑天順元年」条）。

①当時、「建文」の年号を抹殺することを革除といっていたので、ここで「革除」という文字が用いられたのかもしれない。

談遷の『國榷』になると、湯序が「景泰」の年號の全面的な削除を願い出て、その提案は、「命じて之に仍《よ》らしむ」と修正されている。しかしそれでは、「景泰」の年號は改められたと誤解されてしまう。

［天順元年二月癸卯（九日）］署欽天監事禮部右侍郎の湯序「景泰」の年號を革《あらた》めんことを請う。命じて之に仍《よ》らしむ（『國榷』巻三十二・「英宗天順元年二月癸卯（九日）」条・二〇三二頁：本書では、『國榷』は中華書局一九八八年第二次印刷・活字本を用いる。頁数は同書による）。

ただ、清朝に編纂された、『御撰資治通鑑綱目三編』（乾隆十一年〔一七四六〕御製序：二十巻本）の「二月廢景泰帝仍爲郕王、遷之西内」条は、

……欽天監監正の湯序「景泰」の年號を革除せんことを請う。帝（英宗）従わず（『御撰資治通鑑綱目三編』（二十巻本）巻八・二葉・「二月廢景泰帝仍爲郕王、遷之西内」条）。

と記し、夏燮の『明通鑑』（清・同治十二年〔一八七三〕宜黄刊本）も、

時に湯序「景泰」の年號を革除せんことを請う。許さず（『明通鑑』巻二十七・紀二十七・「英宗天順元年二月乙未（一日）」条・十八葉）。

として、湯序が「景泰」の年號の全面的な削除を願い出たものの、その提案は、「許さず」とされたとする。

（5）陸釴《よく》の『病逸漫記』に、

景泰帝の崩ずるは、「宦者の蔣安　帛を以て死を勒《せま》る」と爲す（『病逸漫記』無巻數：『四庫全書存目叢書』（子部・二四〇冊）所收の「明白崔山房鈔本」による）。

とある。

しかし、黄雲眉は『明史考證』の「八年二月癸丑、王薨於西宮、年三十」条で、この『病逸漫記』を引用し、「信ず可きや否やを知らず」と述べる。

按ずるに『病逸漫記』に「景泰帝の崩ずるは、宦者の蔣安　帛を以て死を勒《せま》る、と爲す」と謂う。其の信ず可きや否やを知らず（中華書局一九八五年刊『明史考證』第一册・一一九頁・明史巻十一（景帝紀）考證・「八年二月癸丑、王薨於西宮、年三十」条）。

なお、陳建（字は廷肇、号は清瀾。廣東東莞の人。弘治十年〔一四九七〕～隆慶元年〔一五六七〕。嘉靖七年〔一五二八〕の舉人）の『皇明歴朝資治通紀（皇明通紀）』『皇明歴朝資治通紀（皇明通紀）』は、二月一日の皇太后の誥諭と二月十九日の出来事をまとめて、次のように記す。

[天順元年]二月朔、皇太后　誥諭ありて、景泰帝を廢し、仍お郕王と爲し、西内に歸す。越えて數日、命じて郕王の立てる所の皇太后吳氏を復た宣廟（宣宗宣德帝）の賢妃と爲し、皇后汪氏を廢して復た郕王妃と爲す。欽天監「景泰」の年號を革除せんと奏す。上（英宗）曰く、朕（英宗）心に忍ばざる所有り。舊に仍《よ》りて之を書せ、と。是の月の十九日、郕王　薨ず、葬祭の禮は親王の如くす。謚して「戻」と曰う。妃嬪唐氏等　倶に紅帛を賜いて自盡させ以て殉葬す（『皇明歴朝資治通紀（皇明通紀）』巻之十七・「丁丑天順元年」条）。

（天順元年二月一日、皇太后の誥諭（告示）が出され、景泰帝の帝位を廃止し、もとの郕王とし、宮中の西内に置いた。數日後、命じて郕王（景泰帝）の立てた皇太后吳氏を宣廟（宣宗宣德帝）の賢妃にもどし、皇后汪氏の皇位を廃止して、もとの郕王妃とした。欽天監から「景泰」の年号を抹殺するようにとの奏上がなされたが、英宗は「心に忍びないところがあるので、［曆の記載にある「景泰」の年号を抹殺するということはせずに］そのままにして変更しないように」という。二月十九日に郕王（景泰帝）が薨じた。葬祭は親王の禮に準じるようにした。謚は「戻」とする。妃嬪の唐氏等に紅帛を賜いて自盡させて殉葬した）。

それが、『國榷』では、次のように記される。

[英宗天順元年二月]癸丑（十九日）、郕王（景泰帝）薨ず。祭葬の禮は親王の如くす。謚して「戻」と曰う。帝（景泰帝）恭儉（恭謹で謙遜）明達（物事に通じる）にして、人を知り善く任使（任用）す。卒《つい》に「弘《おお》いに艱難を濟《すく》う[1]」。宗社　之に頼る。[卒]年　□十□なり。陸釴《よく》の『病逸漫記』に曰く、「宦者の蔣安　帛を以て死を勒《せま》る」と（『國榷』巻三十二・「英宗天順元年二月癸丑」条・二〇三三頁）。

①『書經』顧命に「今天降疾殆、弗興弗悟、爾尚明時朕言、用敬保元子釗、弘濟于艱難（今、天 疾を降して殆《あやう》し。興《お》きず悟らず、爾 尚《ねがわ》くは時《こ》の朕《わ》が言を明らかにし、用て敬しんで元子釗を保《やす》んじ、弘《おお》いに艱難を濟《すく》え）」。

（英宗天順元年二月」癸丑（十九日）に郕王（景泰帝）が薨じた。葬祭は親王の禮に準じた。謚は、「戾」とした。景泰帝は、恭しく謙遜で物事に通じ、人を見極めてうまく任用した。とうとう「おおいに危機から救い」、国家は、景泰帝を頼りとした。卒年は、□十□歳である。陸釴の『病逸漫記』には、「宦官の蔣安がしろぎぬをもって自死を逼った」とある。

（6）「資治通鑑綱目凡例」によれば、正統王朝の天子が亡くなった場合は、「崩」という。

凡そ正統は「崩」と曰う（凡例・「崩葬」条：清・康熙四十六年（一七〇七）揚州詩局刻本『資治通鑑綱目全書』・十九葉）。

周赧王や後漢の獻帝のように天子としての地位を失った人物の場合は、「卒」といった。

尊を失うは「卒」と曰う（凡例・「崩葬」条：清・康熙四十六年（一七〇七）揚州詩局刻本『資治通鑑綱目全書』・十九葉）。

さらに、廢されて王公となり亡くなった人物も「卒」といい、謚号は注記するという。

凡そ正統の君、廢されて王公と爲りて死する者は、「卒」と書し其の謚を注す（凡例・「崩葬」条：清・康熙四十六年（一七〇七）揚州詩局刻本『資治通鑑綱目全書』・十葉）。

すると、景泰帝には「卒」字を用いてもよかったとも考えられる。

ところが、ここで用いられた「薨」字は、『禮記』にあるように諸王の亡くなった時に用いられる文字であった。

天子の死するを「崩」と曰い、諸侯には「薨」と曰い、大夫には「卒」と曰い、士には「不祿《ふろく》」と曰い、庶人には「死」と曰う（『禮記』曲禮下）。

英宗『實錄』の編纂官たちは、景泰帝はすでに廢されて「郕王」となっているため、皇帝であったということを考慮せずに「薨」字を用いたようである。

また、「戾」字を贈ったほどの英宗の気持ちを察すると、英宗『實錄』の編纂官たちは、天子としての地位を失った人物の場合に用いる「卒」字を用いてもよかったかと考えられる。しかし、それでは景泰帝が天子であったことを認めることになるので、王公につける「薨」字を用いることにしたのであろうか。

（7）萬曆『大明會典』によると、親王の喪が伝わると次のような儀礼が行なわれると述べる。

〔親王〕世子世孫附

喪 聞し、上 輟朝すること三日。禮部「差官（官員を派遣する）して、喪祭の禮を掌行（領隊）する」を奏す。翰林院「祭文」・「謚冊文」・「壙誌文」を撰す。工部　銘旌（故人の事績を記し、葬礼の時に前列に立てる旗）を造り、差官して墳を造る。又た欽天監　官一員を取りて前去して卜葬（墓地や日時を占う）す、國子監　監生八名を取りて訃を各王府に報ず（萬暦『大明會典』巻之九十八・禮部五十六・喪禮三・十葉）。

『明史』も同じく、「定制」として同じことを伝える。

諸王及妃公主喪葬諸儀

定制：親王の喪あれば、輟朝すること三日。禮部　「官を遣りて、喪祭の禮を掌行（領隊）する」を奏す。翰林院　「祭文」・「謚冊文」・「壙誌文」を撰す。工部　銘旌（故人の事績を記し、葬礼の時に前列に立てる旗）を造り、官を遣りて墳を造る。欽天監官　卜葬（墓地や日時を占う）す。國子監監生八名　訃を各王府に報ず（『明史』巻五十九・志第三十五・禮十三・凶禮二・「諸王及妃公主喪葬諸儀」条・十三葉）。

（2）「戾」について

『逸周書』謚法解・『史記』正義所引「謚法解」によると、「戾」は、

前過（前の過ち）を悔いざるを「戾」と曰う（不悔前過曰戾）孔晁注：知りて改めず。[1]

とされる。

蘇洵（字は明允、号は老泉。四川眉州眉山の人。大中祥符二年〔一〇〇九〕～治平三年〔一〇六六〕。蘇軾・蘇轍の父）の「謚法」も、『逸周書』謚法解・『史記』正義所引「謚法解」と同じで、

戾一

前過（前の過ち）を悔いざるを「戾」と曰う（不悔前過曰戾）。

とする。

また、「戾」字は、『通志』謚略で「下謚法」の六十五字の中の一字に分類され、

右、六十五の謚は、之を殲夷（誅滅）に用う・之を小人に用う（『通志』巻四十六・謚略第一・謚中）。誅し滅ぼすべき人や、小人に用いる文字であるとする。つまり否定的に用いられる文字であった。

さらに、『通志』では、次のようにもいう。

謚の善悪有る者は、文［字］に卽《つ》きて見《あら》われ、説［明］に卽《つ》かずして見《あら》わる。且《そも》そも「戻」と曰い、「刺」と曰《い》えば、豈に其の凶徳①有るを見《あら》わさずして、何ぞ必ず「不悔前過」を以て然る後に「戻」と爲し、「暴慢無親②（暴虐にして親しむ無し）」もて、然る後に「刺」と爲すを得んや。一の「戻」もて足らず、其の説に又た之を益すに「戻」［の説明文］を以てす。一の「刺」もて足らず、其の説に又た之を益すに「刺」［の説明文］を以てす。古の道に非ざるなり……（『通志』巻四十六・謚略第一・謚上・「序論第四」）。

① 『左傳』文公十八年に「毀則爲賊。掩賊爲藏。竊賄爲盗。盗器爲姦。主藏之名。賴姦之用。爲大凶徳。有常無赦……孝敬忠信爲吉徳、盗賊・藏姦爲凶徳（則《のり》を毀つを賊と爲し、賊を掩《かくま》うを藏と爲し、賄（財）を竊《ぬす》むを盗と爲し、器（国の宝物）を盗むを姦と爲す。［賊をかくまうという］藏の名を主とし、［国の宝物を盗むという］姦の用を賴るは、大凶徳と爲す。常（国の常法）有りて赦《ゆる》さず……孝敬・忠信を吉徳と爲し、盗賊・藏姦を凶徳と爲す）」。

② 「暴慢無親曰刺」は、『逸周書』謚法解・『史記』正義所引「謚法解」には見当たらない。『漢書』武五子傳・「李姫生燕刺王旦、廣陵厲王胥」条の顔師固注に「謚法『暴戻無親曰刺』」とある。また、蔡邕『獨斷』には、「暴虐無親曰厲」とあり、「厲」字の説明に用いられる。

（謚の善悪は、その文字自体に表現されているのであって、説明文なしに理解されるものである。そもそも、「戻」や「刺」などの謚であれば、どうしてそれだけでその凶《わる》い徳を持っていることを示さず、「不悔前過（前過を悔いず）」という説明を行なって、その後に「戻」の意味だとし、「暴慢無親（暴虐にして親しむ無し）」という説明を行なって、その後に「刺」の意味だとするのであろうか。「戻」という文字だけでは足らず、またそれに「不悔前過」という説明文を付け足す。「刺」という文字だけでは足らず、またそれに「暴慢無親」という説明文を

付け足す。これは古の法ではない）

「戻」は、それだけで悪い意味をあらわしているというのである。

このように、否定的な意味を持ち、「前過（前の過ち）を悔いざる」というのが、『逸周書』謚法解・『史記』正義所引「謚法解」以来の理解であったといえる。

また、楊守隨（字は維貞、号は貞菴・文湖。浙江鄞縣の人。宣德十年〔一四三五〕～正德十四年〔一五一九〕。成化二年丙戌科〔一四六六〕の三甲一百一名の進士）の「成化六年〔一四七〇〕八月乙卯（十日）」の上奏文に、

……郕王（景泰帝）薨逝し、之に謚して「戻」と曰う。戻とは罪するなり、乖なり。謚法に在りては「前過を悔いず（不悔前過）」と為す……（『大明憲宗繼天凝道誠明仁敬崇文肅武宏德聖孝純皇帝實錄』巻之八十二・「成化六年八月乙卯（十日）」条）。

とある。英宗が「戻」と謚した天順元年から十三年後の成化六年〔一四七〇〕の時でも、「戻」は、「前過を悔いず」と理解されていたのである。

ただ、明の王世貞（字は元美、号は鳳洲、又の号は弇州山人。江蘇太倉の人。明・嘉靖五年〔一五二六〕～萬曆十八年〔一五九〇〕。嘉靖二十六年丁未科〔一五四七〕二甲八十名の進士）の『弇山堂別集』（萬曆十八年〔一五九〇〕陳文燭序）では、「知過不改（過ちを知りて改めず）」とする。

戻

親王湘王柏建文〔帝の〕初に謚さる、永樂〔帝の時に〕「獻」に改たむ。郕王後に改めて「景皇帝」と謚す、追封さる代王遜煓正統〔年間に謚される〕。

右〔の「戻」の謚の意味は〕倶に「知過不改（過ちを知りて改めず）」なり（『弇山堂別集』巻七十・謚法一）。

さらに、明・郭良翰（字は道憲、福建莆田の人。萬曆中に蔭官を以て太僕寺寺丞になる）の『明謚紀彙編』では、「愎佷遂過曰戻（愎佷して過ちを遂ぐを戻と曰う）」という説明も加えられる。

前過（前の過ち）を悔いざるを「戻」と曰う（不悔前過曰戻）周ねく知りて改めず。『通考』（王圻の『續文獻通考』）に「乖戻して常に反す」と云う。

過ちを知りて改めず（知過不改曰改）左［参照］。

愎佷して過ちを遂ぐを戻と曰う（愎佷遂過曰戻[1]）周ねく諫［言］を去るを「愎」と曰い、是《ぜ》に反するを「佷」と曰う。『通考[2]』（王圻の『續文獻通考』）に「人の言を受けず、已の非を改めず」と云う。「佷」は一に「狠」に作る（『明謚紀彙編』巻二一・謚法上）。

①『逸周書』謚法解に「愎佷遂過曰刺（愎佷（固執）して過ちを遂ぐを刺と曰う）」とあり、孔晁は「去諫曰愎、反是曰佷（諫めらるるを去るを愎と曰い、是《ぜ》に反するを佷と曰う）」と注する。

②『續文獻通考』巻之一百三十四・謚法考・「總記」に「愎狠遂過曰刺　不受人言不改己非（愎佷（固執）して過ちを遂ぐを刺と曰う。人の言を受けず、己の非を改めず）」。

「前の過ちを悔やまない」よりも、「過失を知りながら改めない」や「諫言を聞き入れず善に反す」のほうが、景泰帝を非難するのにはより適切であるように思える。

もっとも、清・呉省蘭（字は稷堂。江蘇南匯の人。乾隆四十三年戊戌科（一七七八）二甲三名の進士）の『續通志謚略』や清・沈惠纕『謚法考』などは、「戻」字について「不悔前過曰戻」との説明を引くのみである。では、「戻」と謚されたのはどのような人物であったのだろうか。管見の及ぶ限りでは、漢の武帝の皇太子劉據に、「戻」と謚されたのが最初の用例である。

この皇太子劉據は、漢の武帝の長子で、元狩元年（前一二二）に皇太子に立てられる。母は衞皇后。『漢書』巻六十三・「武五子傳」によると、武帝の晩年の征和二年（前九十一）に、皇太子は、巫蠱事件を利用して皇太子を罪に陥れようとしていた江充を誅する。その時に衛兵を動かしたことが、叛乱を起こしたとされたため、湖縣（河南靈寶縣）に逃れ潜伏する。そして、発見され自死する。後に武帝は、皇太子には罪がなかったことを知り、思子宮を造り、湖縣（河南靈寶縣）に「歸來望思之臺」を造る。武帝を継いだ昭帝が亡くなると、紆余曲折の末に皇太子劉據の孫が帝位につき宣帝となる。「戻」と謚するのは、この宣帝である。

『漢書』「武五子傳」によると、この「戻」という謚號は、「謚法」に「謚とは、行の跡なり」とあることにしたがって、選定されたという。

［戻］太子　遺孫一人有り。史皇孫の子、王夫人の男なり。年十八にして尊位に卽く。是れ孝宣帝と爲す。［宣］帝　初めて卽位し、詔を下して曰く、「……謚法に曰く『謚とは、行の跡なり』と。愚　以爲えらく［父］親の謚は宜しく「悼皇」と曰い、母は「悼后」と曰い、諸侯の王園に比《なら》（倣）い、奉邑三百家を置き、故皇太子の謚は「戻」と曰い、奉邑二百家を置き、史良娣は「戻夫人」と曰い、守冢《つかもり》三十家を置き、園に長丞を置き、周衛・奉守は法の如くすべし」と（『漢書』巻六十三・「武五子傳」）。

（戻太子（劉據）には、孫がひとり残されていて、史皇孫の子で、王夫人の生んだ男子である。十八歳で帝位についた。これが宣帝である。宣帝は即位するとすぐに、詔を下して「武帝のもとの皇太子（宣帝の祖父）は、湖縣に葬られているが、號謚や年ごとの祭祀もない。そこで、號謚を選定し園邑を置け」と言った。それに対して有司《やくにん》が「謚法」に『謚とは、行の跡なり』（『逸周書』謚法解）とあります。そこで行跡を考えますに、［宣帝の］お父上の謚は「悼皇」、お母上は「悼后」とし、諸侯の定めのようにして奉邑三百家を置き、祖父の故皇太子（劉據）さまの謚は「戻」として、奉邑二百家を置き、実の祖母の史良娣さまは「戻夫人」として、守冢《つかもり》三十家を置き、園に長丞を置き、警備は法の規定のようにすべきかと思います」と上奏した）

『漢書』宣皇帝紀・「孝宣皇帝、武帝曾孫、戻太子孫也」条に顔師古注に引く韋昭と臣瓚との注を見ると、次のようにある。

韋昭　曰く、違戻（違反する）を以て擅《ほしいまま》に兵を發す、故に謚して「戻」と曰う。臣瓚　曰く、太子　江充を誅して以て讒賊を除くも、事　明かに見《あらわ》れず。後、武帝　覺寤し、遂に〔江〕充の家を族す。宣帝　以《や》むを得ず[①]（不得以）悪謚を加えるなり。董仲舒　曰く、『其の功有りて、其の意無きを之れ「戻」と謂う。其の功無くして、其の意有るを之れ「罪」と謂う（有其功無其意謂之戻、無其功有其意謂之罪）』、と。〔顔〕師古　曰く、瓚の説是《ぜ》なり、と（『漢書』宣皇帝紀・「孝宣皇帝、武帝曾孫、戻太子孫也」条）。

①『漢書補注』宣帝紀第八・「孝宣皇帝、武帝曾孫、戻太子孫也」条の補注に「〔王〕先謙　曰く、「不得以」は、猶お「不得已」がごとなり」と解釈しているのによる。

（韋昭は、皇太子劉據が違法に部隊を動かしたということから、「戻」と謚したと注釈する。臣瓚の注釈では、皇太子は、江充を粛清して讒言をする奸臣を誅殺したが、そのことは明るみにならなかった。後に武帝はそのことを悟り、江充の一族を処罰した。皇太子劉據の孫にあたる宣帝は、「戻」という謚は悪い意味なので、なんとかしたかったが、已むをえなかった。董仲舒は「奸臣を誅する功績があって、叛乱の意志はないものを「戻」といい、奸臣を誅する功績がなくて叛乱の意志があるものを「罪」という」という。そして、顔師古は、臣瓚の説を是《ぜ》であるとする）。

『漢書』では、「謚とは、行の跡なり」ということから、行状を勘案して「戻」と謚したというのみである。韋昭の注釈は、それに沿って「違法に部隊を動かした」からだと考える。

臣瓚の注釈では、宣帝は「戻」がマイナスのイメージを持った謚であるのでなんとかしたかったが、どうしようもできなかったという。ただ臣瓚は、皇太子の行為は悪人を誅殺したものであったといい、董仲舒の「戻」についての解釈も紹介して、できるだけ「戻」のマイナスのイメージを払拭しようとしている[2]。なお、董仲舒の解釈の文は、ここに引用されるだけの佚文である。

ちなみに、顔師古（南朝・陳の太建十三年〔五八一〕～唐・貞観十九年〔六四五〕）の「前漢書敍例」によると、

韋昭は、(3)

韋昭　字は弘嗣、吳郡雲陽（江蘇鎮江府丹陽縣）の人。［三國］吳朝の尙書郎・太史令・中書令・博士祭酒・中書僕射などを經て、高陵亭侯に封ぜらる（顏師古「前漢書敍例」）。

とある。臣瓚については、よく分からないという。

郡縣を詳らかにせず（顏師古「前漢書敍例」：王先謙『漢書補注』に考証が行なわれているが、やはり断定できないようである）。

ただし、顏師古注に引用されているので、おおまかに魏晉南北朝の人であった。すると、「戾」字は魏晉南北朝の時から、芳しくない意味で用いられていたといえる。

また、『漢書』によれば、理由は記されていないが、戾王駿と安定戾侯賢と博望侯許黨とに(4)「戾」字の諡が贈られている。

さらに、衞太子（戾太子）の子の進（史皇孫と称される：宣帝の父）の夫人の王夫人（宣帝の）の兄弟の王武の子の王商も「戾侯」と諡される。王商（字は子威）は丞相となるが、元帝の皇后王氏の外戚の王鳳（王莽の伯父）に怨まれ、最終的には丞相を免ぜられて三日後に亡くなる（『漢書』卷八十二・「王商史丹傅喜傳」による）。

ただ、顏師古は、これらの人たちの「戾」字については、何も注釈をつけていない。

北魏では、太宗明元皇帝の子の樂平王丕が「戾王」と諡されている。『魏書』・『北史』によると、樂平王丕は、華北を統一した世祖太武皇帝の異母兄弟にあたる。北魏の世祖太武帝の時の実力者であった劉潔の失脚に連座して、鬱々として太平眞君五年（四四四）二月に薨ずる（『魏書』卷十七・明元六王列傳第五・「樂平王」／『北史』卷十六・列傳第四・明元六王・「樂平王丕」による）。

明朝になると、湘王柏に「戾」と諡し、郡王遜煓に「悼戾」と諡されている。郡王遜煓が「悼戾」とされた経緯については、今のところよくわからない。

湘王柏は、太祖洪武帝の第十二子（『明史』巻一百十七・列傳第五・諸王二・太祖諸子二・「湘王柏」条・三葉による）になる。建文帝が即位した直後の諸王府の取り潰しと関係して湘王柏は焚死する。その理由として、今のところ何に基づいたかは明らかにできないが、『建文朝野彙編』所引の『南京貼黄冊』や『皇明歴朝資治通紀（皇明通紀）』は、次のように伝える。

［洪武三十二年／建文元年］湘王柏　自殺す。是《こ》れより先、湘王　寶鈔（紙幣）を僞造し、残虐に人を殺すに及ぶ。帝（建文帝）敕を降し切責し、兵を發して之を討たんことを議す。［湘］王　怒り、其の宮室・美人を焚く。已にして、馬に乗り弓を執りて、火中に躍り入りて死す（『建文朝野彙編』（巻二・二十一葉〜二十二葉）所引『南京貼黄冊』／『皇明歴朝資治通紀（皇明通紀）』巻之一・「己卯　洪武三十二年　即建文元年」条：本書では『皇明歴朝資治通紀（皇明通紀）』は中國史學基本典籍叢刊『皇明通紀』二〇〇八年刊を用いる）。

（建文元年（洪武三十二年：一三九九年））、湘王柏が自殺した。これより前、湘王柏は紙幣を僞造し、残虐に人々を殺した。建文帝は敕書を下して厳しく責め、軍隊を派遣して討伐することを提案させた。湘王柏は、怒って、宮殿や妃嬪を焚いた。そして、乗馬して弓を持って、火の中に飛び込み亡くなった）

こうして、建文朝は、湘王柏に「戾」と謚する（『大明太宗體天弘道高明廣運聖武神功純仁至孝文皇帝實錄』巻之十・「洪武三十五年秋七月丙戌（五日）」条による）。

その後、建文帝から帝位を簒奪した永樂帝は、即位するとすぐの洪武三十五年七月五日に、湘獻王柏の「戾」の謚を「獻」に改める。太宗（永樂帝）『實錄』は、次のようにいう。

［洪武三十五年七月］丙戌（五日）、改めて故の湘王に謚して「獻」と曰い、妃吳氏［に謚して］「獻妃」と曰う。官を遣りて謚冊及び寶を齎《おく》り、荊州の墳園を祭る。［湘］王　諱は栢、太祖高皇帝（太祖洪武帝）の第十一《ママ》子なり。

母は、順妃胡氏、豫章侯胡美の女なり。［湘］王　明敏にして學を好み、博聞強識、文章を攻《おさ》めて尤（すぐれる）なり。道家の言を好みて、自から「紫虚子」と稱す。建文中、其の府中の陰事（隠し事）を告（告発）する者有り。［湘］王　懼れ、［王］宮を闔《とじ》て自焚す。［湘］王　年二十有八なり。妃は、江陰侯呉高の女なり。當時、［湘］王に謚して「戾」と曰う。是《ここ》に至り上（永樂帝）其の辜《つみ》に非ざるを憫《あわれ》み、詔して今の謚に改め、親《みず》から碑を墓に製《つく》る、云《しか》いう（『大明太宗體天弘道高明廣運聖武神功純仁至孝文皇帝實錄』巻之十・「洪武三十五年秋七月丙戌（五日）」条・『明史』（巻一百十七・列傳第五・諸王二・太祖諸子二・「湘王柏」条・三葉）は、この説明にしたがって撰述されている）。

（洪武三十五年（一四〇二）七月五日、改めて湘王柏に「獻」と謚し、妃の呉氏に「獻妃」と謚した。そして、役人を派遣し、謚冊と寶物を捧げ持たせて、領地であった荊州の墳園を祭らせた。湘王、名は柏で、太祖洪武帝の第十一《ママ》子になる。母は、順妃胡氏で、豫章侯胡美の息女である。湘王柏は、明敏で学問好きであり、博聞強識で、文章も上手であった。道家の言説を好み、みずから「紫虚子」と稱した。建文年間に、湘王柏の封国の隠し事を告発する者がいた。湘王柏は、おそれて、王宮を閉じて自焚した。湘王柏は、二十八歳であった。妃は、江陰侯呉高の息女であった。湘王柏が亡くなった当時、「戾」と謚された。いまここに至って、上（永樂帝）は、湘王柏が無実であったことを憐れみ、詔をだして、「獻」[5]字に改め、みずから墓碑を作成したという）。

このように、「戾」と謚された漢の武帝の戾太子・北魏の樂平王丕・明の湘王柏などは、やはり否定的に評価される人たちであった。すると、郕王（景泰帝）に「戾」字を謚として贈ったということは、帝位を取り上げられ、宮中に幽閉された英宗の気持ちがこめられていると言えるのではないだろうか。

ところが英宗の後、即位した憲宗成化帝になると、帝位にあった景泰帝の謚號について改めて考え直さなければならなくなる。父の英宗の場合、景泰帝に「戾」と謚する理由は理解できる。また、憲宗成化帝についても、一度は皇太子の地位を追われたのであるから、「戾」のままでもよかったかもしれない。ただそれでは、天子の理想像からは外れてしまう。やはり、天子のあるべき姿としては、すべてに対して寛容であると思われなければいけない。また、仮にも帝位についていた叔父に対する諡にしては、ひどすぎる。そのため、以下で検討するが、憲宗成化帝が即位すると、臣下から「戾」字を再考するようにとの提案が行なわれる。そうして郕王としての景泰帝に贈られた「戾」はそのままにしておき、皇帝としての景泰帝に「景」字を贈る。この「景」字は、一見するとなかなかすばらしい文字のように見えるが、実は意味深長な文字であった。

注

（1）陳逢衡の『逸周書補注』では、

前過（前の過ち）を悔いざるを「戾」と曰う。
孔〔晁〕注：知りて改めず
補注：漢の戾太子、「戾」と諡す。〔『漢書』宣皇帝紀・「孝宣皇帝、武帝曾孫、戾太子孫也」条の〕韋昭注に「違戾（違反する）を以て擅《ほしいまま》に兵を發す、故に諡して「戾」と曰う」と。唐・楊綰の諡議（『通典』巻第一百四・禮六十四・所引「單複諡議」条）に「漢の宣〔帝〕敢て祖〔の戾太子〕を私せず、諡して「戾」と曰う」と（『逸周書補注』巻十四「不悔前過曰戾」条・四十六葉）。

と注する。

また、潘振の『周書解義』では、

知りて改めず。戾は乖なり（『周書解義』巻六・諡法・「不悔前過曰戾」条・六十一葉）。

と注している。

（2）王先謙の『漢書補注』では、この注釈に補注が加えられ、周壽昌（字は荇農。湖南長沙の人。道光二十五年乙巳恩科〔一八四五〕二甲二名の進士。『漢書注校補』の著作がある）の注釈が引用される。

〔補注〕周壽昌　曰く、『說文』に「戾は、曲なり。犬に從い、戶の下に出る」と。戾とは、身　曲がるなり。漢の宣〔帝〕　未だ必ずしも悪謚を以て其の祖に加えるに忍びず。蓋し身　曲戾（湾曲）を受け、自から伸ばす能わずを言う、と（『漢書補注』宣帝紀第八・「孝宣皇帝、武帝曾孫、戾太子孫也」条）。

（3）『三國志』巻六十五・呉書二十・韋曜傳の裴松之の注によれば、「韋曜」の本名は「韋昭」であるが、晉の太祖文皇帝司馬昭の「昭」字を避諱したため、『三國志』では「韋曜」と記される、という。

　韋曜　字は弘嗣、呉郡雲陽の人なり（裴松之注）：［韋］曜　本名は昭なり。史　晉の諱の爲《ため》に之を改たむ（『三國志』巻六十五・呉書二十・韋曜傳・「韋曜字弘嗣、呉郡雲陽人也」条の裴松之注）。

ただし、銭大昕は『二十二史考異』（巻十七・「韋曜傳」条）でその意見を駁する。葉廷琯（字は紫陰、号は調生・愛棠・苕生・蛻翁・蛻廬病隱・十如老人。蘇州呉縣の人。乾隆五十七年〔一七九二〕～同治八年〔一八六九〕）は『吹網錄』（巻一・「韋昭避諱改名」条）で銭大昕の考えを批判し、裴松之の説明に賛同する

（4）戾王駿は、『漢書』巻五十二・「景十三王傳」によると、景帝の末子の憲王舜の末裔になる。漢の景帝の末子の憲王舜が亡くなり、子の勃が立つが不行跡のため、数か月で、国は取り潰しになる。しかし、帝は哀れに思い、憲王舜の子の平を眞定王とし、商を泗水王とする。これを子の哀王安生が継ぎ、つづいて哀王安生の弟の戴王賀、その子の勤王煖が立つ。それを継いだのが戾王駿である。戾王駿は三十一年で亡くなり、子の靖が継ぐが、王莽の時に断絶する。

　安定戾侯賢は、武帝の子の燕王旦の子になる。『漢書』巻六十三・「武五子傳」には「安定侯」にするとのみ記されるが、『漢書』巻十五下・王子侯表第三下に、「安定戾侯賢」とある。

　宣帝の皇后の兄の博望侯許舜の孫の許黨についていては、『漢書』に、

　博望侯許舜、昌邑の人。孝宣［皇］后の兄。神爵二年、「頃」と謚さる。［許］舜の子の［許］敞、甘露三年に「康」と謚さる。［許］敞の子の［許］黨、河平四年に「戾」と謚さる……甘露三年、戾侯［許］黨　嗣ぐ、［甘露］二十六年　薨ず（『漢書』巻十八・外戚恩澤侯表第六）

とある。

（5）「獻」字については、『史記』正義に引く「謚法解」では、

　聰明叡哲なるを獻と曰う（聰明叡哲曰獻）孔晁注：通知の聰有り

　知質《うまれつき》にして聖有るを獻と曰う（知質有聖曰獻）孔晁注：通ずる所有りて蔽うこと無し

とある。

『逸周書』諡法解では、

聰明叡哲なるを獻と曰う（聰明叡哲曰獻）通知の聰有り（有通知之聰）

とあるのみである。

陳逢衡は『逸周書補注』で、次のような補注をつけている。

聰明叡哲なるを獻と曰う（聰明叡哲曰獻）。『後漢書』孝獻皇帝［紀］注に同じ［説明］を引く。『爾雅』釋言（「獻、聖也」条）の郭［璞］注［の「諡法曰、聰明睿智曰獻」］は「叡哲」もて「睿智」に作る。『獨斷』同じ。『後漢書』桓帝懿獻梁皇后（列傳・皇后紀第十下・「桓帝懿獻梁皇后諱女瑩」条）の注に［諡法曰、「溫和聖善曰懿、聰明叡知曰獻」と］引きて「哲」を「智」に作る。

孔［晁］注：通知の聰有るなり。

補注：魯の獻公具「獻」と諡す。『漢書』景十三王傳に、「河間王徳　立、二十六年にして薨ず。中尉の常麗　以て聞するに、曰く、王は身　端《なお》く、行ないは治まり、温仁恭倹にして、篤《あつ》く敬い下を愛し、明知にして深く察し、鰥寡《やもおやもめ》を恵す、と。大行今《ママ》（令）「諡法に曰く「聰明叡哲なるを獻と曰う（聰明叡哲曰獻）」と。宜しく諡して「獻王」と曰うべし」と奏す」と。［顔］師古　曰く、獻は深なり、通なり、と（『逸周書補注』巻十四・「聰明叡哲曰獻」条・十五葉）。

また、朱右曾の『逸周書集訓校釋』巻六・諡法弟《ママ》五十四・「聰明叡哲曰獻・知質有聖曰獻」条では、『史記』正義に引く「諡法解」によって、「知質有聖曰獻」条を補っている。

「聰明叡哲」とは、視・聴・思の徳を具う。孔［晁］曰く、「知質有聖」は「通ずる所有りて蔽うこと無き」なり、と。「知質」句は、舊《もと》と脱す。「史記正義」に據りて補う（『逸周書集訓校釋』巻六・諡法弟《ママ》五十四・「聰明叡哲曰獻・知質有聖曰獻」条）。

さらに、潘振の『周書解義』では、

「聰」は、聞かざる無し。「明」は、見ざる無し。微に通ずるを「叡」と爲す。先知なるを「哲」と爲す。「獻」は、聖なり（『周書解義』巻六・諡法・「聰明叡哲曰獻」条・五十四葉）。

と注する。

こうした注釈からすると、「獻」には、「聡明で明断」・「知性が生まれつきで、すべてを理解している」などの意味があるとする。

蘇洵の「諡法」では、次のようにいう。

獻二

聰明睿智なるを獻と曰う（聰明睿智曰獻）

> 獻は賢なり。
>
> 徳に嚮いて徳を内とするを獻と曰う（嚮徳内徳曰獻）
>
> 今文尚書に云爾《しかいう》。注家　皆な云う、嚮とは惠なり、徳とは元なり、と。其の義　當に通ずべからず。『書』を以て信と為す。劉熙　以て「獻とは軒軒然として物の上に在るの稱なり」と爲す。内は亦た嚮なり。人　能く日々徳に嚮う。惠は則ち衆の推仰する所と為り。軒軒然として物の上に在り（「謚法」巻一・「獻二」条）。

蘇洵は、「獻」字には、「聡明で明晰」・「日々徳に向きあい徳を会得する」などの意味があるという。

『通志』謚略で「獻」字は「上謚法」の百三十一字の一字に分類され、

> 右、百三十一の謚は、之を君親に用う・之を君子に用う（『通志』巻四十六・謚略第一・謚中）。

とされる。君主や君子に用いる文字であると考えられている。

用例としては、遺漏があると思われるが、以下のような人たちがいる。

春秋・戦国期では、

> 魯獻公・齊獻公・衞獻公・晉獻公・秦獻公・鄭獻公・燕獻公・趙獻侯・晉獻侯

などがいる。

さらに、後漢の最後の皇帝であった獻皇帝・南燕（鮮卑）の獻武皇帝・北魏の獻明帝や獻文皇帝などがいる。

明朝では、湘王柏以外に、太祖洪武帝の第十一子（『明史』巻一百十七・列傳第五・諸王二・「蜀王椿」条・一葉による）の蜀王椿（永樂二十一年に贈られる）・仁宗洪熙帝の第四子の蘄王瞻垠（永樂十九年に薨じ、永樂二十二年に謚を「獻」に改める）・太祖洪武帝の第十七子（『明史』巻一百十七・列傳第五・諸王二・「寧王權」条・十四葉による）の寧王權（正統十三年に贈られる）と、憲宗成化帝の第四子の興王（子供の世宗嘉靖帝が傍系から入って皇帝となったため、親王であった興王は皇帝として睿宗獻皇帝という廟号・謚号を贈られる）などがいる。

第二章　景泰帝の帝號復活

景泰八年（天順元年）一月十六日のいわゆる奪門の変によって英宗が復辟すると、弟の景泰帝（郕王）は帝號を廃されてもともとの郕王の地位に引き戻される。天順元年二月十九日に亡くなると、郕王として「戻」字が謚として英宗から贈られる。

つづいて景泰帝（郕王）によっていちどは廃嫡された英宗の皇太子（憲宗成化帝）が即位すると、郕王（景泰帝）を明朝歴代の皇帝を祭祀する廟（宗廟）に入れることは認めないものの、「皇帝」と名乗ることだけは復活させ、皇帝としての尊号・謚の「恭仁康定景皇帝」を贈る。ただし、「郕王」としての「戻」という謚はそのままであった。

『明史』では、帝號復活（「皇帝」と名乗ることを復活させる）にいたる経緯を、次のように述べる。

高瑤、字は庭堅、閩縣の人。鄉擧より［湖廣］荊門州學の訓導と爲る。成化三年五月、抗疏（皇帝に上書して直言する）もて十事を陳《の》ぶ。其の一に言う、正統己巳（正統十四年：一四四九年）の變、先帝（英宗）北狩し、陛下（憲宗成化帝）方に東宮に在り。［その時］宗社　危きこと一髮の如し。郕王（景泰帝）の統を繼ぎ、國に長君有るに非ざらしむれば、則ち禍亂　何に由り平らかならん、鑾輿（天子）何に由り返らん。［景泰帝の治世の］六・七年の間、海宇　寧謐（安定して平静）にして、元元（庶民）業を樂しむ。厥の功は細《わずか》ならず。先帝（英宗）復辟するに迨び、天功（帝王を称賛する功業）を貪る者は遂に厚誣[1]を加え、其の終わりを正しくするを得ざらしめ、［郕王（景泰帝）の］隮祀（祭祀）を節惠（簡略にする）にし、未だ［正式の］典禮を稱（挙行）せず。望むらくは特に禮官に敕して集議（共同に評議）し、廟號を追加し、親親の恩を盡さんことを、と。章　下され、廷議　久しく決せず。［成化三年］十二月に至り、始めて奏すらく、廟號を追崇するは、臣下の敢えて議を擅にするに非ず。惟だ陛下（憲宗成化帝）の裁決あるのみ、と。而して左庶子の黎淳　力めて争いて、當に復すべからずと謂う。且つ言う、［高］瑤の此の言　死罪有ること二つ。一は先帝（英宗）を誣《そし》りて不明（賢明でない）と爲す。一は陛下（憲宗成化帝）を不孝に陷る。臣（黎淳）以て［高］瑤の此の擧は、郕王（景泰帝）を尊《うやま》わんと欲するに非ず、特に羣邪の進用（選拔）の階《いとぐち》と爲すのみ、必ず小人の之を主とする者有りと謂う、と。帝　曰く、景泰《ママ》の往過は、朕（憲宗成化帝）未だ嘗て意に介せず。豈に臣子の當に言うべき所ならんや。［黎］淳　此の奏を爲すは獻諂（媚び諂う）して希恩（恩寵を冀う）を欲するや、と。議　遂に寢む。然れども帝（憲宗成化帝）終に［高］瑤の言に感ず。之を久しくして、竟に郕王（景泰帝）の帝號を復す……（『明史』巻一百六十四・列傳第五十二・「高瑤」・二十四葉～二十五葉：『明史藁』列傳第五十八・「高瑤」・十六葉～十七葉は、黎淳の批判を具体的に引用する以外は、ほぼ同じ）。

①『左傳』成公三年に「賈人曰、吾無其功、敢有其實乎。吾小人、不可以厚誣君子（賈人　曰く、吾　其の功無し、敢て其の實を有せんや。吾小人、以て厚く君子を誣う可からず）」。

（高瑤、字は庭堅で、福建閩縣の人。擧人から湖廣荊門州學の訓導となる。成化三年〔一四六七〕五月に疏文を奉って十事を述べた。そのひとつに、「正統十四年の土木の變で、先帝（英宗）は北に行ってしまわれ、陛下（憲宗成化帝）はちょうど皇太子の地位におられました。その時、國家は非常に危険な状態にありました。郕王（景泰帝）が帝位につかず、國家に年長の君がいらっしゃらなかったならば、禍乱は何によって平らかになったでしょうか、先帝（英宗）は何によってご帰還なさったでしょうか。景泰帝の治世の六・七年の間、國内は安定し、庶民は楽しく本業に従事しました。その功績はわずかなものではありません。先帝（英宗）が帝位に復帰されることになって、先帝（英宗）からお褒めをいただきたい者たちは、ひどく郕王（景泰帝）をそしり、その終わりを全うさせませんでした。また、郕王（景泰帝）の祭祀を簡略にし、いまだに正式の祭禮を挙行しておりません。特に禮部にお命じになって議論させて、廟號をお加えになって（明朝歴代の皇帝の廟（宗廟）に配置する）、親族への恩情をお尽くしになることをお願いいたします」とあった。上奏文が憲宗成化帝から下されたものの、朝廷内の議論は長引き、成化三年十二月になって、はじめて「郕王（景泰帝）の廟號については、臣下が勝手に提案するものではありません。ただ陛下（憲宗成化帝）のご裁決によるのみでございます」と上奏された。すると、黎淳が廟號を贈るべきではない（明朝歴代の皇帝の廟に配置すべきでない）、という。そうして「高瑤の提案は、死罪に相当することがふたつあります。ひとつは、先帝（英宗）を賢明でないとそしったこと、ひとつは陛下（憲宗成化帝）を不孝者に落としたことです。高瑤のこの提案は郕王（景泰帝）を敬うことを求めているものではありません。ただ邪臣たちの抜擢のいとぐちとなるだけのものです。必ずこのことを操っている小人がいる、と臣（黎淳）は考えます」という。それに対して、憲宗成化帝は、「郕王（景泰帝）の過去の過ちは、これまで意に介したことはなかった。いったいこうしたことを臣下が言うべきことであろうか。また、黎淳が高瑤批判の上奏を行なったのは、媚び諂って、恩寵を願うことを求めるものである」という。そうして、議論はおさまった。しかし、憲宗成化帝は、高瑤の提案に心動かされ、しばらくしてとうとう郕王（景泰帝）の帝號（「皇帝」と名乗ること）を復活させた）

以下で検討するが、高瑤が提案した帝號の追加とは、郕王（景泰帝）を明朝歴代の皇帝を祭祀する廟（宗廟）に入れて祀るということを意味する。また、憲宗成化帝の命じた帝號の復活とは、明朝歴代の皇帝を祭祀する廟（宗廟）に入れることは認めないものの、「皇帝」と名乗ることだけは復活させるというものであった。

『明史藁』・『明史』では言及されないが、郕王（景泰帝）の廟號についての議論（皇帝を祭祀する廟（宗廟）に入れるか入れないかについての議論）が行なわれた成化三年から三年後の成化六年八月十日に楊守隨が皇帝から王に格下げになった郕王（景泰帝）に贈られた謚の「戾」字の変更を提案する。だが、これも認められない。ところが、その五年後の成化十一年十二月十三日になって突然に郕王（景泰帝）を帝と称することを認め、皇帝として「景」という謚が贈られる。すると、『明史』でいう高瑤の提案に心動かされたとするには、時間が経過しすぎているように思える。また、郕王として贈られた謚の「戾」はそのままであり、廟號を与える（皇帝を祭祀する廟（宗廟）に入れる）ことも認められなかった。

こうした事情を時間順に並べてみると、次のようになる。

成化三年五月十八日：高瑤が郕王（景泰帝）の廟号についての提案を行なう

成化三年十二月八日：禮部は議論するがなかなか結論を出さず、憲宗成化帝の決定にゆだねる

黎淳が高瑤の提案を批判する

憲宗成化帝が黎淳と高瑤とを批判する

成化六年八月十日：楊守隨が郕王（景泰帝）の「戾」字の謚號の変更を提案する

成化十一年十二月十三日：帝號を復活するよう命ずる。ただし、廟號は与えられない。英宗が郕王（景泰帝）に贈った謚の「戾」はそのまま

本章では、こうした憲宗成化帝による郕王（景泰帝）の帝號復活について行なわれた議論を検討したい。そのために（1）で、郕王（景泰帝）の廟號についての高瑤の提案と黎淳の批判、そして楊守隨の謚號についての提案につい

て、（2）で帝號復活の命令が唐突に出された理由を、（3）で帝號復活の命令について考えてみるつもりである。

（1）帝號復活についての高瑤の提案と黎淳の批判

成化三年五月壬午（十八日）に湖廣荊門州學訓導の高瑤（字は庭堅。福建閩縣の人。舉人）が、郕王（景泰帝）の廟号についての提案を行なう。その内容は、憲宗『實錄』によれば、次のようなものであった。

湖廣荊門州學訓導の高瑤［以下のように］上言す。正統己巳（正統十四年）の變、先帝（英宗）既已《すで》に北狩し、皇上（憲宗成化帝）方に東宮に在り、虜騎　都城に薄《せま》り、宗社　危きこと一髪の如し。郕王（景泰帝）の統を繼ぎ、國に長君有るに非ざらしめば、則ち禍亂　何に由りて平げられん、黠虜（狡猾な虜）何に由りて服せん、鑾輿　何に由りて還らん。［景泰帝の治世の］六・七年の間、海宇　寧謐にして、年穀　屢しば豊かなり。元元（庶民）業を樂しむ。其の功　小ならず。夫れ先帝　復辟するに迨び、其の天功を貪り以て己の力と為す者は、遂に厚誣①を加え、其の終わりを正しくするを得ざらしむ。［郕王（景泰帝）を］隮祀（祭祀）を節恵（簡略にする）にし、未だ［正式の］典禮を稱（舉行）せず。人心　猶お欝たり、天意　知る可し。昔し周公　身もて武王に代わるの功有り。三叔（管叔・蔡叔・霍叔：蔡沈『書經集傳』の解釈による）流言するに及び、［周公は］避位（辭職）して［国の］東に居す。［すると］、「天　威を動かし、以て周公の徳を彰かにす」（『書經』金縢）るを致す。成王　警悟（警告され悟る）し、遂に親《みず》から之を逆《むか》えて、「郊（国都の郊外）に出づ。［天　乃ち雨ふりて］風を反《かえ》し」、感應すること響くが如し②。今者《いま》、災異　迭《こも》ごも見《あら》わるるは、乃ち天　威を動かし、亦た以て郕王（景泰帝）の功を彰かにする無けんや。伏して望むに皇上　禮官に特勅し、集議して廟號を追加し（明朝歴代の皇帝を祭祀する廟（宗廟）に合祀する）、以て親親の恩を盡さんことを。［そうすれば］則ち倫紀　以て厚く、天心　回《かえ》す可きなり、と。事　禮部に下し、之を議せしむ（『大明憲宗繼天凝道誠明仁敬崇文肅武宏德聖孝純皇帝實錄』巻之四十二・「成化三年五月壬午（十八日）」条）。

①『左傳』成公三年に「賈人曰、吾無其功、敢有其實乎。吾小人、不可以厚誣君子（賈人曰く、吾　其の功無し、敢て其の實を有せんや。吾小人、以て厚く君子を誣う可からず）」。

②高瑤が用いる『書經』金縢にある周公の故事は、蔡沈の『書經集傳』の解釈に従う。

（高瑤が以下のような意見書を提出した。「正統十四年の土木の變で、先帝（英宗）は北においでになり、陛下（憲宗成化帝）はちょうど皇太子の地位におられ、虜騎が都城にまで迫ってまいりました。国家は非常に危険な状態にありました。郕王（景泰帝）が帝位につかず、国家に年長の君がいらっしゃらなかったならば、禍乱は何によって平らかになったでしょうか、狡猾な胡は何によって恐れ入ったでしょうか、先帝（英宗）は何によってご帰還なさったでしょうか。景泰帝の治世の六・七年の間、国内は安定し、穀物はしばしば豊作となり、庶民は楽しく本業に従事しました。その功績は小さなものではありません。それなのに先帝（英宗）が帝位に復帰されることになり、その天意を自分の功績にしたい者たちは、先帝（英宗）からお褒めをいただきたくて、ひどく郕王（景泰帝）をそしり、その終わりを全うさせませんでした。郕王（景泰帝）の祭祀を簡略にし、いまだに正式の祭禮を挙行しておりません。人々の気持ちは、憂鬱となり、天意も知るべきであります。むかし周公は病気となった武王の身代わりになりたいと祈り、武王の病を治したという功績がありました。また、管叔・蔡叔・霍叔がデマを流すと、周公は辞職して国の東に移りました。すると、天はその威力を示し、周公の徳を明らかにしました。成王は、その天からの警告を悟り、とうとうみずから周公を国都の郊外に出迎えました。そうして「天はやがて雨を降らせ」、風向きを変えた、といいます。天と人とが相い応ずること響くようです。いま、災異が繰り返し起こるのは、天がその威を示し、また郕王（景泰帝）の功績を明らかにしたいとしているのではないでしょうか。

特に禮部にお命じになって議論させて、廟號をお加えになって（明朝歴代の皇帝を祭祀する廟（宗廟）に合祀する）、親族への恩情をお尽くしになることを伏して願っております。そうすれば、人として守るべき倫紀もこまやかなものとなり、天の心にも応ずることができますでしょう」という。提案は、禮部に下されて議論させた）

郕王（景泰帝）は、帝位にあったとき功績があった。だが、先帝（英宗）の復辟にあたって、その復辟の功績を自己のものとしたい者たちが、郕王（景泰帝）をそしり、明朝代々の皇帝の廟に入れて祭祀することを阻止した。いま、災異が繰り返し起こるのは、郕王（景泰帝）の功績を再考するようにとの天意ではないか。そこで、郕王（景泰帝）に帝號を贈って明朝歴代皇帝の列に加えて祭祀して、親族への恩情を示してほしいと提案するのである。

この高瑤の提案は、成化三年五月壬午（十八日）に提出され、禮部で議論が命ぜられる。そして、その禮部の回答は、半年以上たった成化三年十二月庚子（八日）に提出される。憲宗『實錄』によると、その検討結果は、次のようなものであった。

「成化三年十二月庚子（八日）」禮部等の衙門　訓導の高瑤の奏する所の「景泰」の廟號を追加するの事を會議す。僉《みな》　謂う、郕王　位を繼ぐの六七年間の行事は具に『實錄』に在り。其の廟號は臣下の敢えて輕々しく議する所に非ず。自から上裁（皇帝が決定する）されんことを請う、と（『大明憲宗繼天凝道誠明仁敬崇文肅武宏德聖孝純皇帝實錄』巻之四十九・「成化三年十二月庚子（八日）」条）。

（成化三年十二月庚子（八日）」禮部等の役所で、訓導の高瑤が奏上した景泰帝に廟號を贈ってもらいたい（明朝歴代の皇帝を祭祀する廟（宗廟）に合祀する）という議案について會議した。皆は、「郕王（景泰帝）が帝位に在った六・七年間の行事は、すべて『實錄』に記載されております。その廟號は、臣下の勝手に提案するものではありません。ただ陛下（憲宗成化帝）ご自身からお決めになることをお願いしたいと思います」と述べた）

廟號について（明朝歴代の皇帝を祭祀する廟（宗廟）に合祀する）は、憲宗成化帝のお考え次第だと回答したのである。そして憲宗『實錄』では、この回答に続けて、高瑤の廟號を贈る（明朝歴代の皇帝を祭祀する廟（宗廟）に合祀する）という提案に対する黎淳（字は太樸、号は樸菴先生、諡は文僖。湖廣華容の人。永樂二十一年〔一四二三〕～弘治五年〔一四九二〕。天順元年丁科〔一四五七〕の狀元）の批判を載せる。[1]

左春坊左庶子の黎淳　奏（皇帝に奏本を提出）して曰く、正統十四年八月に陛下（憲宗成化帝）を册立して皇太子と為す。九月に至り、羣臣　又た郕王（景泰帝）を奉じて帝位に即《つ》け、景泰と改元す。陛下（憲宗成化帝）の皇太子と為るは前に在り、郕王（景泰帝）の帝位に即《つ》くは後に在るに縁《よ》れば、事理　礙《さまた》げ有り。天順元年正月に英宗睿皇帝　復位するに至り、欽しみて聖烈慈壽皇太后（宣宗宣德帝の皇后孫氏：英宗の生母）の聖旨に遵《したが》い、仍《な》お復た景泰（景泰帝）もて郕王と為す。詔もて天下に告げ、永しえに遵守せよと為す。然る後に人倫正しく天理を得、名正《ただ》しく言順《したが》い、事成る。高瑤の建言（建白）は乃ち郕王（景泰帝）に廟號を加えん（明朝歴代の皇帝を祭祀する廟（宗廟）に合祀する）と欲するなり。臣（黎淳）惟《おも》うに朝廷は既に皇太子を立てれば、則ち異時（以後）天子の位に居るは乃ち皇太子なり。曾て未だ半月ならずして羣臣　又た一の親王（郕王：景泰帝）を立てて天子と為せば、則ち前時に立つ所の皇太子は將に何をか為さんや。［こうしたことから］此れ景泰三年の皇太子の廢するは由然（理由）有るなり。［しかし］當時に在りては「主少《おさな》く、國疑い①」、四方多事と曰《い》うと雖も、然れども周の成王の時、姫旦（周公旦：姓は姫、名は旦）は實に有功の叔父なるも、何ぞ遂に天位を取らざらんや。神器（帝位）久しく虛しく、人無かる可からずと曰《い》うと雖も、然れども共和の際、周［公］・召［公］は皆な王國の懿親（親族）なり。何ぞ共に姫室を分かたざらんや。［それは］特に君臣に定分有るを以て敢てせざるのみ。凡そ此の若き者は、皇太子　君と為し、親王　臣と為り、天經地義②・民彜物則③の截然と一定なること、固より智者ありて而して後に之を知るを待たず。今、多官　會議するも、依違（ためらう）・苟簡（粗略に取り扱う）にし、略《まった》く定見（しっかりした意見）無し。猶お聖聽を煩瀆（煩わす）し、自から上裁（皇帝の決定）するを取らんと欲するがごとし。［こうしたことは］豈《あ》に臣愚（黎淳）の能く喩《さと》す所ならんや。先帝（英宗）の明なるは日月に並び、此の事　處置されて已に久しく、人心　已に定まる。今、若《も》し誤りて高瑤の言を聽き、一に郕王に廟號を加えれば、必ず將に太廟に祭告（報告の祭祀を行なう）して舊制を改易して、祔廟（祖先の廟に合祀する）・承祧（廟の木主を繰り上げて遷す）の禮を行なわんとし、必ず將に梓宮を遷啟し山陵を改造し、珠襦玉匣（帝王の殮服）の典を加えんとし、必ず將に皇太后・皇后の稱を追贈せんとす。［そして］、必ず當に盡く當時の用いる所の人・行なう所の政を復すべしとなる。且つ高瑤の此言は死罪［に相当する］有ること二つ。一は先帝（英宗）を詆《そし》りて不明と為し、一は陛下を不孝に陷いる。古の聖賢の經史は、具《つぶ》さに［『春秋胡氏傳』の］「魯隱公」の「内は國を先君に承けず、上は命を天子に禀けず、諸大夫　己を抜《ひ》きて以て立てて、遂に立つ、是れ爭亂の造端（発端）に與《あず》かる」（『春秋胡氏傳』巻第一・隱公上・「春王正月」条）に在り。故に『春秋』の首に「元年春王正月」と書し、而して「公即位」を削る、大倫を正せばなり。［こうしたことによると］郕王（景泰帝）の即位は、内に國を何れの君に承け、上は命を何れの主に禀けん。羣臣の己を抜《ひ》きて以て立ち、而して遂に立つに過ぎず。之を隱公に律（推し量る）するに、允合（符合）異なる無し。人の君父（天子）と為りて、『春秋』の義に通ぜざる者は、必ず首惡（悪事の首謀者）の名を蒙る。是の故に［漢の］昌邑王　既に廢され、未だ復して漢某帝と為すを聞かず。更始　既に廢され、未だ復して漢某王と為るを聞かず。誠に敢て『春秋』に悖逆（もとり逆らう）し、不明（賢明でない）の過を移して先君に加えず。孝道を子孫に全うせんと欲すればなり。陛下（憲宗成化帝）の昔《むかし》皇太子と為るは名正《ただ》しく言順《したが》うなり。誰が私議④（個人的に議論する）するを得んや。郕王（景泰帝）乃ち敢て之を廢して、易うるに己の子を以てし、先帝（英宗）をして久しく幽閉に遭わしむに至る。［しかしながら］此れ郕王（景泰帝）の自から為す所に非ざるなり。當の館閣に侍するの大臣の陳循（字は徳遵、号は芳洲。江西泰和の人。永樂十三年乙未科［一四一五］一甲一名の進士：英宗の正統九年四月から天順元年一月十六日の英宗の復辟まで断続的に内閣大學士）等　富貴を貪圖（追求）し、密かに姦謀（奸邪な計謀）を運《めぐら》せ、從吏（屬官）之を為せばなり。天順元年に至り、郕王（景泰帝）疾有り。陳循　自《もと》より合《まさ》に迎えて先帝（英宗）の復位を請うべし。［しかし］却って乃ち羣臣を率領（帶領）し、本奏（奏本）を進め、早に元良（太子の代稱）を選び、東宮に正位（正式に登位）せしめんことを乞う。當時、皇太子は見在（存在）す。［陳循は］何人を選ばんと欲するや。臣の愚見を以てするに、若《も》し南城迎駕の功に非ざれば、先帝（英宗）終に出路無し。但だ此の迎駕（天子の車駕を迎える）するの人、又た皆な富貴を貪圖（追求）するの小人なり。既に微勞（ささやかな功績）を效《いた》せば、氣盈ち志滿ち、驕奢淫泆（驕り高ぶり、節度がないこと）為さざる所なし。是の故に高爵（高い爵位）・厚祿（厚い俸祿）・封公・封侯され［天順］元年に尊顯（尊貴の地位）たる所以の者は、其の迎駕の功を賞されればなり。［またそうした者たちが］嚴刑峻法（厳しい法と刑罰）の或いは斬とさる或いは流とされ後來に誅戮（処刑）さる所以の者は、其の驕矜（おごり高ぶりうぬぼれる）の罪を罰せらるるなり。今、國中に流言ありて必ず曰く、「先帝（英宗）此の諸人を怒ればなり」と。［しかし］迎駕して、之を罪するは、則ち萬に此の理無く、信ずるに足らず。陛下（憲宗成化帝）即位の初め、有罪の羣邪　寒心（恐れおののき）破膽（肝をつぶす）す。［憲宗成化帝の成化三年二月に］商輅を取回し、仍《な》お舊職もて内閣に辦事するに復するを見るに及びて、然る後に欣然として自から以て計を得と為す。又た皆な私竊（ひそかに）進用（選抜任用）さるるを效慕（羨望）し希求（乞い求める）す。彼の小人なる者（高瑤）も、但だ己に官するを得んと欲するのみ。豈《そ》れ顧だ患を人に貽《おく》らん。臣（黎淳）以謂《おも》えらく、高瑤の此の擧は郕王（景泰帝）を尊禮（敬重）せんと欲するに非ざるなり。特に羣邪の進用の階《いとぐち》と為すのみなり。必ず小人の之を指使する者有り、然らざれば彼の草茅（民間）は疎遠にして、安くんぞ敢て妄言して先帝（英宗）の明なるを詛《そし》るを上《たてま》つり、後世をして之を觀るに以て口實（話しの種）と為さしめん。而るに今の議する者、亦た豈に察せざる可けんや。此れ［高瑤の疏文の提出を］隱忍（耐え忍ぶ）曲從（自分の意志を曲げて従う）して猶お陛下（憲宗成化帝）の聽を煩わさんと欲するならんや、と（『大明憲宗繼天凝道誠明仁敬崇文肅武宏德聖孝純皇帝實錄』巻之四十九・「成化三年十二月庚子（八日）」条）。

①『史記』孫子吳起列傳に「［田］文曰、主少國疑、大臣未附、百姓不信（［田］文　曰く、主少《おさな》く國疑い、大臣未だ附せず、百姓信ぜず）……」。

②『左傳』昭公二十五年に「夫禮、天之經也、地之義也（夫れ禮は、天の經なり、地の義なり）」。また、『孝經』三才に「夫孝、天之經也、地之義也（夫れ孝は、天の經なり、地の義なり）」。

③『詩經』大雅・蒸民に「天生蒸民、有物有則、民之秉彝、好是懿德（天　蒸民を生ず、物有れば則有り、民の秉彝《へいい》、是《こ》の懿德《いとく》を好む）」。

④『禮記』曲禮下に「公事不私議（公事は私《わたくし》に議せず）」。

（左春坊左庶子の黎淳が皇帝に奏本を提出して以下のようにのべる。「正統十四年八月に陛下（憲宗成化帝）を立てて皇太子とし、九月になって群臣は郕王（景泰帝）を奉って帝位につけ、「景泰」と改元いたしました。陛下（憲宗成化帝）が皇太子となられましたのが先で、郕王（景泰帝）の即位はその後になることから、物事の道理の上から郕王（景泰帝）の即位はもともと差し障りがありました。天順元年正月に先の英宗が復辟されることになり、聖烈慈壽皇太后（宣宗宣德帝の皇后孫氏：英宗の生母）の聖旨にしたがって、景泰帝をもともとの郕王といたしました。そして詔を天下に出して、郕王がその地位にいることを、永遠に順守するようになさいました。そのおかげで、人倫（人と人との秩序）は正しく、道理を得て、名義は正しく、主張も筋が通り、事が成就いたしました。ところが、高瑤の提案は、郕王（景泰帝）に廟號を加えてもらいたい（明朝歴代の皇帝を祭祀する廟（宗廟）に合祀する）というものです。臣（黎淳）が考えますに、朝廷では郕王（景泰帝）の即位より前に、皇太子（憲宗成化帝）さまを冊立しておりましたので、後に帝位に就かれるのは皇太子（憲宗成化帝）さまになります。それなのに半月もたたないうちに、群臣はべつの親王（郕王：景泰帝）を立てて天子といたしました。それでは、その前に立っておられた皇太子さまはどういった役目をなさるのでしょうか。［こうしたことから］景泰三年に皇太子さまを廃止して郕王（景泰帝）自身の子供を皇太子としたのは理由があったわけです。しかし当時は、［英宗の皇太子（憲宗成化帝）が即位したならば］、主君が幼く国のものたちが不安に思い、四方が多難であったからだとしても、周の成王の場合、周公旦は功績のある叔父でありながら、幼少の成王を押し退けてどうして即位しなかったのでしょうか。帝位に即く人はおらず、人がいない状態ではいけないとしても、周の共和の時の場合、周公・召公は皆な王族でありながら、どうして国を分割しなかったのでしょうか。それは、君臣の間に定まった分というものがあり、あえてしなかったためです。このような分とは、皇太子を君主とし、親王を臣とするものでございます。天地の不変の大義や民の彝（正しい常久の道）や物（事）の常道がはっきりと決まりきっていることは、智者が先に理解して、その後に皆がはじめて分かるようなものではございません。いま、多くの官僚たちが会議しておりますが、ためらったり、粗略に取り扱ったりして、まったくしっかりとした意見がありません。まるで陛下のお耳を煩わせて、陛下ご自身で決定していただこうと望んでいるかのようでございます。こうしたことは、どうして私のような愚かな臣（黎淳）が申し上げなければならないことでしょうか。先帝（英宗）の明察は日月に並ぶものであり、郕王（景泰帝）の廟號のことは、以前に決定がなされ、人々も納得しております。いま、もしも高瑤の意見を誤ってお聞きになって、郕王（景泰帝）に廟號を加えられるのならば、必ず太廟に祭告して制度を改め、祔廟（祖先の廟に合祀する）・承祧（廟の木主を繰り上げて遷す）の儀礼を行なわねばなりません、また、郕王（景泰帝）の梓宮を移して［皇帝の形式の］山陵を作り直し、珠襦玉匣（帝王の殮服）の儀式を加えねばなりません。郕王（景泰帝）の生母や妃に称号を追贈しなければなりません。そうして、必ず郕王（景泰帝）当時の人々や行なわれた政策を再評価しなければなりません。そのうえ、高瑤の発言には死罪に相当するものがございます。ひとつは、先帝（英宗）をそしり賢明でないとしたこと、ひとつは陛下（憲宗成化帝）

を不孝者に落としたことです。古の聖人や賢者の經書や史書の要点は、『春秋胡氏傳』で述べる「魯の隱公が内には国を先君から継承せず、上は天子から継承の命を受けず、諸々の大夫に勝手に引っ張り出されて立てられ、そして即位する。これは、騒乱の始まりに関わってくる」という解釈で明らかになっています。したがって、『春秋』の首に「元年春王正月」と書いてはいるものの、「公（隱公）即位す」とあったであろう箇所を孔子は削られました。これは大倫（父子の親・君臣の義・夫婦の別・長幼の序・朋友の信）を正すためであります。それにあてはめてみますと、郕王（景泰帝）の即位は、内には誰から継承し、上には誰からの継承の天命を受けたのでしょうか。群臣が引っ張りだし、そして即位させる。これを魯の隱公に推し量れば、符合して異なることはありません。天子となっても、『春秋』の義に通じない者は、悪事の首謀者だとされてしまいます。そもそも、漢の昌邑王は、帝位を取り消されてから、名称を復活して漢の某帝とされたと聞いたことはございません。更始（漢の淮陽王）は、「光武帝が即位すると」廃されて、名称を復活して漢の某王とされたと聞いたことはございません。これは、ほんとうに敢えて『春秋』の義に背き逆らい、賢明ではないという過ちを先君に加えず、孝の道を子孫に全うさせようとするためであります。陛下（憲宗成化帝）が、以前皇太子となられたのは、名義が正しくきわめて妥当なことでございました。誰がひそかに取沙汰するものでしょうか。なのに、郕王（景泰帝）は、その陛下（憲宗成化帝）を廃して、自分の子を皇太子にし、先帝（英宗）は長い間幽閉されました。これは、郕王（景泰帝）自身がなさったことではありません。翰林院に控えておりました大臣の陳循などが富貴を追い求め、ひそかに邪悪な陰謀をめぐらせ、属官が実行したのでございます。天順元年になって、郕王（景泰帝）は病になられました。陳循は、もとより英宗をお迎えして先帝（英宗）の復位を請うべきでした。なのに、かえって群臣を率いて、奏本を提出し、新しい太子（景泰帝が皇太子に立てた見濟の没後、皇太子は空位となっていた）を選び、正式に［皇太子（憲宗成化帝）以外の人物を］皇太子に登用させることを申し出ました。当時、皇太子（憲宗成化帝）様は現実にいらっしゃいました。なのに、陳循は誰を選ぼうとしたのでしょうか。臣（黎淳）の愚見をもってしますに、もしも南城迎駕（奪門の變）がなければ、先帝（英宗）は、最後まで幽閉先の門をお出になることはなかったかと思います。しかしながら、奪門の變にかかわった人たちは、みな富貴を貪る小人でございます。ささやかな貢献があっただけで、血気盛んで驕り高ぶり、節度がないことばかり行ないました。こうしたことから、高い爵位や厚い俸禄や公や侯に封ぜられて天順元年に尊貴な地位を得たのは、奪門の變の功績を賞されたからであります。［またそうした者たちが］厳しい法と刑罰で斬首刑や流刑とされて後に処罰されたのは、驕り高ぶったことを罰せられたからであります。いま、国中に、間違いなく先帝（英宗）は、自分を助け出したひとたちをお怒りになっていた、という流言がなされています。ですが、こうしたことは万に一つもございません。信ずるに足るものではありません。陛下（憲宗成化帝）が即位なさった当初、［景泰帝とかかわり］罰せられた邪悪なものたちは、［さらに追及されるのではと］恐れおののき肝をつぶしました。しかし、成化三年二月に陛下（憲宗成化帝）が［罪として庶民にされていた］商輅を再登用し、もとの職（兵部左侍郎太常寺卿兼翰林院学士）に復帰させ内閣で仕事をさせたのを見て、喜んで自分ではしめたと思っております。また、皆はひそかに選抜任用されることを羨望して乞い求めています。かの小人の黎淳も、官職を得たいと願っているだけです。人を陥れるためのものではないでしょう。臣（黎淳）が思いますに、高瑤のこの提案は、郕王（景泰帝）を尊重することを求めるものではありません。ただ邪臣たちの抜擢のいとぐちとなるだけのものです。必ずこのことを操っている小人がおります。でなければ、かの草茅（民間）の者（高瑤を指す）が、宮廷内のことと疎遠であるのに、どうして妄言して先帝（英宗）が明察であったことを誣告して、後世の人たちがこのことを観るときの話しの種を作り出そうとするのでしょうか。なのに、いまの議論する者たちは、またどうして察していないということがありますでしょうか。どうしてここに耐え忍んで自分の［高瑤の提言に反対するという］意志を曲げて高瑤の疏文の提出を認め、陛下（憲宗成化帝）のお耳を煩わそうとするのでしょうか」と）この疏文が奏上されると、憲宗成化帝は、「景泰《ママ》の過去の過ちについて、朕（憲宗成化帝）は、意に介したことはなかった。こうしたことを臣下が言うべきことであろうか。黎淳が高瑤批判の上奏を行なったのは、あきらかに媚び諂って、恩寵を願うことを求めるものである。高瑤の提案と黎淳の批判は、ともに聞きとどけるものではない」という。

［黎淳の］疏 入り、上（憲宗成化帝）曰く、景泰《ママ》の已往の過失は、朕（憲宗成化帝）意に介さず。豈に臣下の當に言うべき所ならんや。［黎淳が高瑤批判の上奏を行なったのは］顯かに是れ獻諂（媚び諂う）希恩（恩寵を願う）なり[2]。倶に必ずしも行なわず、と（『大明憲宗繼天凝道誠明仁敬崇文肅武宏德聖孝純皇帝實錄』巻之四十九・「成化三年十二月庚子（八日）」条）。

憲宗成化帝は、廟號の追加（明朝歴代の皇帝を祭祀する廟（宗廟）に合祀する）を提案した高瑤とそれに反対意見を提出した黎淳とをきびしく批判する。つまり、憲宗成化帝は郕王（景泰帝）に廟號を追加すること（明朝歴代の皇帝を祭祀する廟（宗廟）に合祀）を認めず、父の英宗が「郕王」に贈った謚の「戾」は、そのままにしておいたのである。しかも、憲宗成化帝は、「景泰《ママ》の過去の過ちは、朕（憲宗成化帝）は、意に介したことはなかった」と述べ、黎淳の意見を自分に媚び諂うものともしている。ただ、「意に介したことはなかった」ならば、高瑤の提案を認めてもよかったと思われるのだが。

付け加えておくと、ここで黎淳は、「今、若《も》し誤りて高瑤の言を聴き、一に郕王に廟號を加えれば（いま、もしも高瑤の意見を誤ってお聞きになって、郕王（景泰帝）に廟號を加えられるのならば）」といい、「廟號を加える」具体的な作業として次のようなことを行なわなければならないという。

それは、「必ず將に太廟に祭告（報告の祭祀を行なう）して舊制を改易して、祔廟（祖先の廟に合祀する）・承祧（廟の木主を繰り上げて遷す）の禮を行なわんとし、必ず將に梓宮を遷啟し山陵を改造し、珠襦玉匣（帝王の殮服）の典を加えんとし、必ず將に皇太后・皇后の稱を追贈せんとす。［そして］、必ず當に盡く當時の用いる所の人・行なう所の政を復すべしとす（郕王（景泰帝）に廟號を加えられるのならば、必ず太廟に祭告して制度を改め、祔廟（祖先の廟に合祀する）・承祧（皇帝廟の木主を繰り上げて遷す）の儀礼を行なわねばなりません。また、郕王（景泰帝）の梓宮を移して［皇帝の形式の］山陵を作り直し、珠襦玉匣（帝王の殮服）の儀式を加えねばなりません。郕王（景泰帝）の生母や妃に称号を追贈しなければなりません。そうして、必ず郕王（景泰帝）当時の人々や行なわれた政策を再評価しなければなりません）」というものであった。

　ここからしても、「廟號を加える」として議論されているのは、郕王（景泰帝）を明朝歴代の皇帝を祭祀する廟（宗廟）に合祀することを認めるかどうかであったことが理解できるのではないだろうか。

　では、なぜ高瑤の提案は、成化三年五月壬午（十八日）に提出され、禮部で議論が命ぜられたものの、その禮部の回答は、半年以上経過した成化三年十二月庚子（八日）に提出されたのであろうか。

　それは、この年の八月に英宗『實錄』が奉られた時期と重なったことと関わりがあるのではないかと考えられる。

　そもそも「英宗皇帝實錄」は、天順八年（一四六四）一月庚午（十七日）に英宗が亡くなり、その七か月後の天順八年（一四六四）八月十七日に英宗『實錄』編纂の勅諭が禮部に出される。

［天順八年八月］戊戌（十七日）上（憲宗成化帝）禮部に勅諭して曰く、朕（憲宗成化帝）惟《おも》うに古昔の帝王の功德の實は、諸々の簡冊に載せ以て後世に昭《あきら》かにせざるは莫し。我が皇考英宗睿皇帝　聖哲の資・文武の德を持って、祖宗の大業を繼承すること、先後二十餘年なり。仁澤　四海に被り、功業　兩間（天地の間）に昭《あきら》かなり。宜しく紀述すること有りて無窮を垂示すべし。爾ら禮部　宜しく祖宗の故事（旧例）に遵《したが》いて、中外に通行（行文で通知する）し、事實を采輯し、翰林院に送りて、『實錄』を修纂すべし。其れ太保の會昌侯の孫繼宗を以て

監修と為し、少保の吏部尚書兼華盖殿大學士の李賢・吏部左侍郎兼翰林院學士の陳文・吏部右侍郎兼翰林院學士の彭時もて總裁と為し、禮部右侍郎の李紹・太常寺少卿兼翰林院侍讀學士の劉定之・南京國子監祭酒の呉節もて副總裁と為し、學士等《など》の官の柯潛等《など》もて纂修等《など》の官と為し、所有《あら》ゆる合行（まさに行なうべき）の事宜は悉く例に照らして舉行せよ。欽《つつし》め（『大明憲宗繼天凝道誠明仁敬崇文肅武宏德聖孝純皇帝實錄』巻之八・「天順八年八月戊戌（十七日）」条）。

（天順八年八月十七日、憲宗成化帝は、禮部に勅諭を出して次のように述べる。朕（憲宗成化帝）は思うに、古の帝王の功績や徳行は、書物に記録し、後世にあきらかになっている。わが父英宗睿皇帝は、聖哲の資・文武の徳をお持ちになって、祖先の大業を継承されること前後二十年であった。仁澤は天下に及び、その功績は天地に明らかであった。その功績を記録して、無窮を示すべきである。禮部は、これまでの旧例にしたがって、中外に文書で通知して、史料を集め、翰林院に送って英宗『實錄』を編纂せよ。太保の會昌侯の孫繼宗を監修とし、少保の吏部尚書兼華蓋殿大學士の李賢・吏部左侍郎兼翰林院學士の陳文・吏部右侍郎兼翰林院學士の彭時を總裁とし、禮部右侍郎の李紹・太常寺少卿兼翰林院侍讀學士の劉定之・南京國子監祭酒の呉節を副總裁とし、學士の柯潛らを纂修などの官とせよ。すべての行なうべき作業は、ことごとくこれまでの例にしたがって行なえ）

そうして、三年をかけて編纂作業を終えた「英宗皇帝實錄」は、成化三年（一四六七）八月十六日に禮部から奉られる。

［成化三年八月］己酉（十六日）、禮部「英宗睿皇帝實錄」を上《たてま》つり進む……（『大明憲宗繼天凝道誠明仁敬崇文肅武宏德聖孝純皇帝實錄』巻之四十五・「成化三年八月己酉（十六日）」条）。

つまり、高瑤の提案がなされた成化三年五月十八日には、編纂作業がほとんど完成していたと考えられる。

そして、「英宗睿皇帝實錄」での郕王（景泰帝）の景泰年間の事績は、「英宗皇帝實錄」巻之一百八十三から巻二百七十三に「廢帝郕戻王附録」として記載される。(3) その取り扱いは、「修纂凡例」によると次のようなものであった。

一　景泰年間の事を附録するに、其の稱號の行欵（書法）は、悉く天順年間に據る。各司の奏牘の内に引く所の景泰［年］間の欽依（皇上の裁可）等の項の事例は提起して高書す（『大明英宗法天立道仁明誠敬昭文憲武至德廣孝睿皇帝實録』「修纂凡例」）。

（景泰年間の事を附録するのに、その中の称号の書法は、天順年間の用例に準拠する。それぞれの役所の文書から引用する資料に見える［景泰帝を意味する「上」字］は、抬頭にする：いまよく利用される中央研究院歴史語言研究所が影印刊行した舊國立北平圖書館藏紅格抄本「英宗實録」は、抬頭にするのではなく一字空格になっている）。

景泰年間の記述では、景泰帝を「帝号を取り消されて「戻」と謚された郕王」という天順年間の用例に準拠して記述するが、引用史料にある景泰帝を意味する「上」字は、敬意を表わして抬頭にするというのである。

高瑤の提案は、こうした郕王（景泰帝）を「廢帝郕戻王附録」として取り扱う「英宗睿皇帝實録」が進呈される成化三年（一四六七）八月十六日の直前に提出される。提案を命ぜられた禮部としても、こうした事情を考慮して検討結果の提出を遅くしたのかもしれない。

さて、高瑤・黎淳の議論から三年後の成化六年八月乙卯（十日）に巡按直隷監察御史の楊守隨（字は維貞、号は貞菴・文湖。浙江鄞縣の人。？～正德十五年（一五二〇）。成化二年丙戌科（一四六六）の三甲一百一名の進士）が五つの提案を行なう。その第一に、英宗が郕王に贈った「戻」の謚を再考していただきたいというものがあった。

巡按直隷監察御史の楊守隨　五事を言う。

其の一は謚法を明らかにす。郕王（景泰帝）薨逝し、之に謚して「戻」と曰う。戻とは罪あるなり、乖るなり。謚法に在りては「前過を悔いず（不悔前過）」と為す。郕王（景泰帝）英宗の北狩の時に當りて、奉《う》けたる命もて監國たり。宗社の計を以て已むを得ずして即位し、北のかた戎狄を悍（抗拒）し、南のかた閩を平らげ、廣く人心の將に變ぜんとするを定め、國勢の阽危（危機に瀕する）を安んず。其の社稷に功有ること甚だ大なり。虜を威《おど》すに甲兵を以てし、虜に啗わすに金幣を以てし、大駕を迎回し、之を南宮に尊養（尊んで扶養する）す。賊臣に離間（兄英宗との仲たがい）を為《な》さしめず。其れ兄弟の情　甚だ厚し。大臣を任信し、忠諫（忠心のこもった諫言）を聽納（善言を聞き入れ採用する）し、學を興して士を勸め、加恵（恩恵を施す）し、恤民（困苦を憂慮）す。其の善政の天下に在るや甚だ夥《おお》し。末年に少し過愆有りと雖も、豈に一つの眚《あやまち》を以て、而して衆善を掩う可けんや。①況んや惡謚は先帝（英宗）の本意に出るに非ず、乃ち一二の造釁（もめ事を起こす）もて倖功（功績をあげる僥倖を願う）するの奸臣の邪議なるをや。今に至るまで、公論　之が為に平らかならず。古の謚を定むる者は、苟《も》し一つの善有れば以一つの善謚を以てし、兼ねて衆善有れば、節するに一恵を以てす。惟だ善の稱す可き無ければ、方に惡謚を得。近時、大臣　奸回（邪悪でよこしま）貪墨（汚職する）なる者有るも、尚お美謚を濫《むさぼ》れり。豈に陛下（憲宗成化帝）の至親［の景泰帝］を以て乃ち其の善を泯《ほろぼ》し、而して久しく惡謚を蒙らしむ可けんや。乞う廷臣に勅して會議せしめ、其の善行を取りて、改めて之に謚すれば、則ち公道（公正な道理）昭明なり。謚法　允當（正しく理にかなう）なりて、而して陛下（憲宗成化帝）の親親（親族を大切にする）の令名（高い名声）も亦た窮まる無し……（『大明憲宗繼天凝道誠明仁敬崇文肅武宏德聖孝純皇帝實録』巻之八十二・「成化六年八月乙卯（十日）」条）。

①『左傳』僖公三十三年に「且吾不以一眚掩大德（且つ吾　一眚を以て大徳を掩わず）」。

（郕王（景泰帝）がお亡くなりになり、「戾」と謚されました。「戾」とは、罪があるとか、乖（そむく・邪悪）の意味です。「謚法」では、「前過を悔い改めない」としています。そもそも、郕王（景泰帝）は、正統十四年の土木の變で、先帝（英宗）が北に行ってしまわれた時に、命ぜられて監國となり、国家の大計のためにやむをえず帝位につき、北方の異民族を防禦し、南方では閩を平定して、人々の気持ちが混乱するのを治め、国家の危難を安定させました。国家に功績があること、きわめて大きいものがございます。さらに虜を武力で威圧したり、虜に金品をあたえたりすることで、先帝（英宗）を帰還させ、宮中の南宮で尊んで扶養していただくようになさいました。また、賊臣に先帝（英宗）と仲たがいさせる機会もあたえさせませんでした。兄弟の情はきわめて深いものです。大臣を信任し、忠心のこもった諫言をよく聞き入れ、学校を起こし、読書人を励まし、恩恵を施し、人々の困苦を憂慮されました。その天下に行なわれた善政は、はなはだ多くございました。治世の末期には、少しばかり過ちがございましたが、ひとつの過失をもってすべての善いことを覆い隠すべきでしょうか。ましてや悪い諡は先帝（英宗）の本意ではなく、一二のもめ事を起こし功績として僥倖を願っている奸臣の邪議によっているのですから。今に至るまで、世論はこのために公正ではありません。むかしの諡を定めた人は、もしもひとつの善いことがありましたら、ひとつの善い諡を贈ります。おおくの善いことを持っているようでしたら、要約してひとつを贈呈します。ただ善行とよべるものがなければ、悪い諡をあたえます。近頃は、大臣で邪悪で汚職するような者がいても、またすばらしい諡を切望します。いったい陛下（憲宗成化帝）の近親である郕王（景泰帝）を、その善行を消し去り、久しく悪い諡をあたえたままにしておくべきでしょうか。廷臣に詔をお出しになって、集まって議論させて郕王（景泰帝）の善行を検討して、改めて諡をお贈りになることを願います。そうすれば、公正な道理が明らかとなり、諡法も正しく理にかなって、陛下（憲宗成化帝）のご親族を大切になさるという高い名声も極まることがないことでしょう）

郕王（景泰帝）が皇帝であった終わりころには、すこしばかりの過ちがあったものの、もともと善政が多かった。そこで、英宗が郕王に贈った「戻」という諡を再考すべきではないかという提案である。

ただ、郕王に贈られた「戻」字は、父親の英宗の取り決めた諡である。変更するとなると、「不孝」の汚名を被ることにもなりかねない。憲宗成化帝は、このことはすでに方針が決定していることだとして、その上奏文を担当官に届けさせただけであった。

疏　入り、上（憲宗成化帝）言う所の事は倶に處分　已に定まるを以て、其の章を所司に下す（『大明憲宗繼天凝道誠明仁敬崇文肅武宏德聖孝純皇帝實錄』巻之八十二・「成化六年八月乙卯（十日）」条）。

この後、憲宗『實錄』を見る限りでは、臣下からは郕王（景泰帝）の廟號や諡號についての提案はなかった。ところが、楊守隨の提案の五年後の成化十一年十二月十三日になって、突然憲宗成化帝から、郕王（景泰帝）の帝號を復活し、尊號を贈り（皇帝であったことは認めるが、明朝歴代皇帝の宗廟で祭祀しない）、その陵墓の手直しすることについて会議して意見を提出するよう詔が出る。これはどうしてなのか。つづけて検討してみたい。

注

（1）後の史料であるが、『明史藁』・『明史』によれば、黎淳の意見は憲宗成化帝におもねったものであり、郕王（景泰帝）を前漢の昌邑王や前漢末の更始に比べたところは、「士論の薄《いやし》む所と爲る」であったとする。
黎淳、［湖廣］華容の人。天順元年の進士第一なり。官は南京禮部尚書に至る。頗る名譽（名望と声誉）有り。其の［高］瑤と郕王の廟號を争うや、専ら憲宗の意に阿《おもね》らんと欲す。［漢の］昌邑・［漢の］更始を以て景帝（景泰帝）に比べるに至りて、士論の薄《いやし》む所と爲る……（『明史藁』列傳第五十八・「高瑤」・十七葉：『明史』巻一百六十四・列傳第五十二・「黎淳」・二十五葉も同文）。
黄雲眉の『明史考證』は、黎淳は「廉慎守法（清廉で法を守る）にして苟同（軽率に同意する）を爲さない」人物であったものの、郕王（景泰帝）についての議論は、「士論の予《ゆる》さざる所と爲」ったため、倪岳の撰した「黎文僖公傳」（『青谿漫稿』巻二十四）には、言及されていないという。ちなみに、孝宗『實錄』に附された黎淳の「小傳」にも言及がない。
按ずるに［黎］淳の「［漢の］昌邑王　既に廢され、未だ復して漢帝と爲すを聞かず。更始　既に廢され、未だ復して漢某王と爲すを聞かず」云云と謂うは成化三年十二月の『實錄』に見ゆ。又た［黎］淳の一生は廉慎守法にして苟同（軽率に同意する）

を爲さず、詳しくは倪岳の撰する所の「黎文僖公傳」『青谿漫稿』に見ゆ。而して［その「黎文僖公傳」のなかで］獨り郕王（景泰帝）の廟號を爭うの事に及ばざるは、則ち亦た其の士論の予《ゆる》さざる所と爲るを以てのみ。餘は弘治五年四月の『實錄』の［黎］淳傳を參閱す可し①（中華書局一九八五年刊『明史考證』第五冊・一三四九頁・明史卷一百六十四（列傳第五十二）考證・高瑤「附黎淳　其與瑤爭郕王廟號也、專欲阿憲宗意、至以昌邑・更始比景帝、爲士論所薄」条）。

①孝宗『實錄』に附された黎淳の「小傳」によると以下のようにいう。

致仕する南京禮部尚書の黎淳　卒す。［黎］淳　字は太樸、湖廣華容縣の人なり。天順元年進士第一に擧げられ、翰林院修撰を授かり、『大明一統誌』を修むるに預かる。成化二年、秩滿ち、左春坊左諭德に陞る。三年、「英宗實錄」成り、左庶子に進む。十三年、『續資治通鑑綱目』を修む。［それが］成りて、詹事府少詹事に遷り翰林院侍讀を兼ぬ。十四年、吏部右侍郎に陞り、二十一年、南京吏部に改めらる。二十三年、滿九載、左侍郎に遷り、正二品俸を加えらる。弘治元年、南京工部尚書に陞り、尋《つ》いで禮部に改めらる。又た三年、疾を以て致仕を請うを得、是に至る。卒年七十、祭葬を賜うこと例の如くし、「文僖」と謚さる。［黎］淳　性耿介にして人と合うこと寡なし。流俗の奢侈を患《うれ》い、凡そ婚喪燕飲、皆な則《のり》有り。其の取予（物品の授受）苟《なおざり》にせず。門生の尹華亭有り、紅雲布を以て寄す。［黎］淳　受けず。即ち封識の上に書きて曰く、古の令為るや、茶を拔きて桑を植ゆ。今の令為るや、布を織りて花を添う。吾　此の妖服を用いざるなり、と。［黎］淳の剛簡嚴重なること大臣の體有り。事に臨みて議論し、激して隨わず、然らば［そのような時には］形跡（嫌疑）を避遠して畏愼（戒めて謹愼する）を過ぐ（やりすぎにする）。詩文　閎博（知識が豊か）にして、時の稱する所と為る。子の民牧（弘治三年庚戌科（一四九〇）三甲一百一名の進士）・民表（成化二十年甲辰科（一四八四）二甲九十名の進士）皆な進士に擧げらる（『大明孝宗建天明道誠純中正聖文神武至仁大德敬皇帝實錄』卷之六十二・「弘治五年四月戊午」条）。

（2）談遷の『國榷』では、黎淳の意見を節略し、最後に憲宗成化帝の発言を紹介して、以下のように述べる。

……上（憲宗成化帝）報じて曰く、景泰の已事（往事）は、朕　意に介せず。臣下　恩（恩寵）を希い、顯言（明言）し獻諂（媚びへつらい）す。俱に必ずしも行なわず、と。時に［黎］淳は長者（人格高潔で名声が高い人）なるも、郕王（景泰帝）の德を傷くと謂う（『國榷』卷三十五・「憲宗成化三年十二月庚子」条・二二四三頁）。

時の人たちは、黎淳のこの発言は郕王（景泰帝）の德を傷つけるものだ、と理解したというのである。

また、この条について、談遷は、次のようなコメントを付している。

談遷　曰く、昌邑王　既に廢され、未だ復して漢の某帝と爲すを聞かず。更始　既に廢され、未だ復して漢の某王と爲すを聞かず。景帝（景泰帝）豈に其の倫ならんや。社稷の功を論ずる無く、正位に卽くこと七禩（年）にして、甚だしい失德無く、一の虛號を被る。安くんぞ其の溢《すぎ》るを見んや。黎太樸（黎淳：字は太樸）は、篤行の君子なり。［なのに］力めて高瑤を詆る。「必ず小人の之を指使す」と曰うに至るは、此れ何ぞ文の獄に異同（異なる）あらんや。獻諂（媚びへつらう）・希恩（恩寵を求める）なり。赫なるや明綸（憲宗成化帝の詔令）。［臣］子［というものは］其の面を蒙る（厚顏無恥である）所無きを庶《こいねが》う。「言行は、君子の樞機なり。愼まざる可けんや」[①]（『國榷』卷三十五・「憲宗成化三年十二月庚子」条・二二四三頁）。

①『周易』繫辭上に「言行君子之樞機。樞機之發。榮辱之主也。言行。君子之所以動天地也。可不愼乎（言行は、君子の樞機なり。樞機の發は、榮辱の主なり。言行は、君子の天地を動かす所以なり。愼まざる可けんや）」。

（3）現在、よく利用される中央研究院歷史語言研究所が影印刊行した舊國立北平圖書館藏紅格抄本「英宗實錄」の卷一百八十三から卷二百七十三までは、「廢帝郕戾王附錄第一」から「廢帝郕戾王附錄第九十一」と記される。

また、萬曆十六年（一五八八）二月丁丑（二十四日）に、國子監司業の王祖嫡（字は胤昌、号は師竹・四部堂・師竹堂・師竹山房。河南信陽衞（山東德州）の人。嘉靖十年（一五三一）〜萬曆十九年（一五九一）？：六十歲で没。隆慶五年辛未科（一五七一）三甲二百十名の進士）が、

缺典を修め、以て繼述（継承）を隆《とおと》ばんと奏し、建文の革除は未だ復せず・景泰の附錄は未だ正されざるなりと謂う（『大明神宗範天合道哲肅敦簡光文章武安仁止孝顯皇帝實錄』卷之一百九十五・「萬曆十六年二月丁丑（二十四日）」条：明抄本『萬曆起居注』には、この条なし）。

と上奏した。建文帝の年号の復活と、景泰帝のみの『實錄』を作成することを求めたのである。

この王祖嫡の「建文の年號を復し、景皇帝（景泰帝）實錄を改正する」提案について、申時行（字は汝默、号は瑶泉・賜間堂・休休居士・蘇庵主人・蘇齋。江蘇長洲の人。嘉靖十四年（一五三五）〜萬曆四十二年（一六一四）。嘉靖四十一年壬戌科（一五六二）一甲一名の進士）は、次のように述べる。

［萬曆十六年三月］壬辰（十日）、大學士の申時行　奏すらく、禮部覆司業の王祖嫡「建文の年號を復し、景皇帝（景泰帝）實錄を改正する」を請う。竊かに惟うに……英宗『實錄』は、成化初年に修めらる。景皇帝（景泰帝）の未だ位號を復さざるの先に在り、故に仍お「郕戾王」と稱し、景泰の七年［間］の事は遂に「英宗實錄」の内に附す。部覆（関係部局の提案）極めて詳明と為す。［明抄本『萬曆起居注』に「其の年を復し、『實錄』を改正するを請うは、亦た正當と為す」とあり］第《た》だ事體

は重大なり。年歳　久遠なれば、更定せんと欲するが如し。［しかし、それは］須らく聖裁よりすべし。今、景皇帝の位號は已に復すれば、實錄の内の改正に過ぎず。其の理順い、事は亦た易し。惟だ建文の年號は靖難より以來、未だ位號を復し、實錄を修むるを請う者有らず。事繇（事態）は創舉（はじめて）なれば、未だ會議を經ず。臣等　擅《ほしいまま》に定擬し難し。伏して聖斷を乞いて施行せん、と。上諭ありて景皇帝の位號は已に復すれば、實錄は纂修改正を候《ま》て。建文の年號は仍お之を已めよ（『大明神宗範天合道哲肅敦簡光文章武安仁止孝顯皇帝實錄』巻之二百九十六・「萬曆十六年三月壬辰（十日）」条：明抄本『萬曆起居注』ほぼ同じ）。

（申時行は、「英宗『實錄』の編纂は、成化の初めに行なわれ、景皇帝（景泰帝）の帝位の復活が決定する前であった。だから「郕戾王」と書き、景泰の七年間の事柄は、英宗『實錄』の内に附されている。当時の関係部局の議題も詳細に記されている。ただし、提案は重大なことにかかわっている。年月が久しく過ぎているので、改めてもらいたいと思う。しかし、それは陛下ご自身でご判断されるべきである。いま、景皇帝（景泰帝）の帝位は復活させているのだから、『實錄』を改正するにすぎない。これは、道理にかなっており、事は容易である。ただし建文帝の年号については、永樂帝の時より、建文帝の帝位を復活させ、『實錄』を編纂してほしいと願い出るものすらいない。これは始めての提案であるので、これまで検討されたことはない。また私たち臣下が勝手に原案を提出することすら困難である。伏して陛下のご聖断をお待ちして施行したいと思っている」と述べた。その結果、景皇帝（景泰帝）の帝位はすでに復活させているので、景泰帝の『實錄』を英宗『實錄』から独立させることは、纂修改正を待って行なえ。「建文」の年號については、用いないままにしておけということになった）

すると、萬曆以降には、英宗『實錄』の「廢帝郕戾王」は、景泰『實錄』として独立したものとなったかのように理解できる。しかし、実際は独立して取り扱われることはなく、もとのままであった。このことについて『明英宗實錄校勘記』巻首の「明英宗實錄校勘記引據各本目錄」「三　北京大學本」条は、萬曆年間に議論された「纂修改正は、疑うらくは亦た未だ之を實行せざるなり」と述べる。

此れ「改修」と云うと雖も、然れども「起居注」に「萬曆十八年、申時行の進む所の小型本」と記す［ところの「英宗實錄」］と『實錄』に「二十六年八月、趙志皐の進む所の本」と記すところの「英宗實錄」とは、均しく［もとのままの］三百六十一巻に作る。則ち所謂ゆる「纂修改正」は、疑うらくは亦た未だ之を實行せざるなり。［この］北大本（北京大學本）に「景皇帝實錄」と作るは、殆ど［この］上諭有るを以て、民間　遂に私に改むるのみ（『明英宗實錄校勘記』巻首「明英宗實錄校勘記引據各本目錄」「三　北京大學本」条・二葉）。

（2）帝號復活の理由

これまで郕王（景泰帝）の廟號の追加（郕王（景泰帝）を明朝歴代皇帝の廟（宗廟）で祭祀すること）や諡についての提案がなされても、すべて憲宗成化帝は認めてこなかった。しかし、突然この時期に憲宗成化帝から帝號を復活し、皇帝であったことは認めるが、明朝歴代皇帝の宗廟で祭祀しないものの尊號を贈り、陵寢（陵墓）の改裝せよとの命令が出されたのだろうか。

これは、あくまでも推測にすぎないが、帝號復活の命令が出される前月の十一月癸丑（八日）に、第三子の祐樘（後の孝宗弘治帝）が皇太子となったことと関わりがあるのではないかと考えられる。

そもそも憲宗成化帝の皇子は、以下のように十四人いた（第一子と第十子は、命名する前に亡くなる）。

第一子　　成化二年一月十九日生：同年二年十一月二十六日薨
第二子　祐極　成化五年四月二十八日生（『弇山堂別集』巻三十一・東宮紀・「悼恭皇太子祐極」条による）：成化八年一月二十六日薨
第三子　祐樘　成化六年七月三日生：孝宗弘治帝
第四子　祐杬（睿宗獻皇帝）成化十二年七月二日生
第五子　祐棆（『明史』作「褕」）成化十四年十月十八日生
第六子　祐檳　成化十五年一月四日生
第七子　祐楎　成化十五年閏十月二十五日生
第八子　祐橒　成化十七年六月三日生

第九子　祐樘　成化十七年十一月十二日生
第十子　　成化十九年七月十七日生：同年九月七日薨
第十一子　祐杬　成化二十年九月二十四日生
第十二子　祐橓　成化二十一年三月十六日生
第十三子　祐樞　成化二十一年十二月十七日生
第十四子　祐楷　成化二十三年一月十日生

第一子は、成化二年一月十九日に生まれ、十一月二十六日に亡くなる（憲宗成化帝の寵妃の萬氏の出。以後、萬氏との間には皇子は生まれていない）。また、第二子の祐極は、成化五年四月二十八日に生まれ、成化七年十一月十六日に三歳で皇太子に冊立されるが、成化八年一月二十六日に亡くなる。

第三子の祐樘（後の孝宗弘治帝）は成化六年七月三日に生まれている。第四子の祐杬は、成化十二年七月二日に生まれているので、第三子の祐樘（孝宗弘治帝）が皇太子に冊立された成化十一年十一月時点では、この祐極（孝宗弘治帝）しか皇子はいなかった。

第二子の祐極が皇太子に冊立されると、すぐに彗星が現われ、その対応に追われているうちに第二子の祐極は亡くなる。その後、改めてひとりしかいない皇子を皇太子に冊立する。第二子の祐極のことがあるので、皇太子のすこやかな成長を願って、父の憲宗成化帝は、人々に恩寵を与えていった。その締めくくりに、郕王（景泰帝）の帝號の復活が命ぜられたのではないか、と私は考える。

では、第二子の祐極と第三子の祐樘（孝宗弘治帝）の時には、どのようなことがあったのだろうか。

第二子の祐極が成化七年十一月十六日皇太子に冊立され、大赦が行なわれた。ただ、翌月の十二月七日に彗星が現われ、憲宗成化帝は詔を下して自責（みずからの過ちを責める）する。臣下からもしきりに治世に対する提言がなされる。この星變は、特別視されたようで、正殿（奉天殿）での儀式を奉天門に変更するようなことも行なわれる[1]。ようやく、成化八年春正月九日に「夜、彗星　奎宿の外屏を行く、星の下の形　漸く消え、小となる」となるが、正月二十六日に祐極は亡くなってしまう[2]。

この時にはまだ、憲宗成化帝の寵妃の萬氏を憚って第三皇子の祐樘（孝宗弘治帝）の存在は公にされなかったようである。そうした事情を黄瑜（字は廷美、廣東香山（今の廣東中山市）の人。宣德元年〔一四二六〕～弘治十年〔一四九七〕。景泰七年〔一四五六〕の擧人）の『雙槐歳鈔』は、次のように伝える。

萬貴妃　始めは宮人と爲りて、東駕（東宮）の盥櫛（身だしなみ）を司どる。譎智（悪賢い智謀）もて善く媚ぶ。既にして寵を顓《もっぱら》にす。昭德宮に居り、太監の段英　其の宮事（宮中の事務）を掌り、其の兄弟子姪の萬通・萬喜・萬達の輩と威福①　赫奕たり。大學士の萬安［姓が萬ということから］同族爲りと認められ、劉吉と皆な之に附す。朝士の無恥の希進（昇進を願う）せんとする者、其の門に群趋（趨）す……己丑（成化五年：一四六九年）九月、［憲宗成化帝は］昭德宮に幸す。時に皇妣（亡母に対する敬稱：この場合は孝宗弘治帝の生母の紀氏）の紀氏御妻②（女官の名称）の列に在り。既にして娠む有り。［權勢を極めていた］萬氏　之を知りて、百方（いろいろな方法）もて苦楚（苦しませる）するも、胎　竟に堕せず。上（憲宗成化帝）命じて安樂堂に出居させ、托言（假稱）して痞（腹中に塊ができる病気）を病むとす。庚寅（成化六年：一四七〇年）七月己卯朏（三日）、今の聖上皇帝（孝宗弘治帝）誕《うま》る。皇妣（生母の紀氏）乳少なく、太監の張敏　女侍（侍女）をして粉餌（米粉で作った食品）を以て之を哺《はぐく》むこと彌月（一ヶ月にわたる）なり。西内の廢后吳氏　保抱（撫養）惟れ謹む（こまかに気を配る）。未だ奉命せざるを以て、敢えて胎髪を剪剃せず。辛卯（成化七年：一四七一年）十一月、悼恭太子祐極　東宮に正位（正式に登位する）し、已にして痘に薨ず。禁中　漸く西宮に一皇子有りと傳う。上（憲宗成化帝）心に甚だ之を念う。然れども萬氏の忌む所と爲るを慮る。乙未（成化十一年：一四七五年）五月、張敏段英に厚結（親交を深める）し、萬氏の喜びし時に乗じて進言す。萬氏　之を許し、上（憲宗成化帝）即ち召見す。髪　已に額を覆う。天性　感通し、相い持して泣き下り動容（表情を変え感激する）す。出語矩度　不凡なり。上（憲宗成化帝）之を撫して大いに喜ぶ。萬氏　具服（朝服）もて進賀（禮物を進獻して慶祝を示す）す。遂に内閣をして名を擬（擬定）すること至再なり。［最後には］、上（憲宗成化帝）親《みず》から之に名づけ、仁壽宮に送り撫育せしむ。中外　之を聞き胥《み》な悦ぶ。皇妣（生母の紀氏）萬氏の觴《さかずき》を受け、疾有り。西内の永壽宮に徙居す。［成化十一年（一四七五）］六月戊寅朔、文武の大臣　元良（太子）を建てんことを請い、甲申（七日）に奏上す。皇子の稍々長ずるを待ちて之を行なうを命ず。是の月（成化十一年六月）の乙巳（二十八日）、皇妣（紀氏）薨ず。淑妃に追封す。京師　藉藉（口々に騒ぎ立てる）たりて、鴆に薨ずと謂う。［成化十一年］十一月、始めて今上（孝宗弘治帝）を立てて皇太子と爲す。大寶に登るに及び、皇妣（生母の紀氏）を追尊し、諡して「孝穆皇太后」と曰《い》う……（嘉靖三十八年（一五五九）陸延枝刻本『雙槐歲鈔』巻第十・「孝穆誕聖」条・一葉～二葉：『四庫全書存目』子部二百三十九冊所收(3)）。

①威福：『書經』洪範に「惟辟作福、惟辟作威（惟れ辟《きみ》　福を作《な》し、惟れ辟《きみ》　威を作《な》す）。

②御妻：『禮記』昏義に「古者天子后立六宮、三夫人・九嬪・二十七世婦・八十一御妻、聽天下之內治、以明章婦順（古者《いにしえ》は天子の后　六宮を立つ、三夫人・九嬪・二十七世婦・八十一御妻、以て天下の內治を聽き、以て婦順を明章す）」）。

（萬貴妃はもともと宮人で、東駕（皇太子）の盥櫛（身だしなみを整える）の役目していた。悪賢い智謀でうまく媚びた。そうして寵を専らにした。昭德宮に住み、宦官の段英が奥向きのことを取り仕切り、萬貴妃の親族の萬通・萬喜・萬達らと權力をほしいままにした。大學士の萬安（四川眉州の人。正統十三年戊辰科（一四四八）二甲一名の進士）は、姓が萬ということから同族と認められ、劉吉（直隷博野の人。正統十三年戊辰科（一四四八〕二甲二十四名の進士）とともにこれに付き従った。朝廷の官僚の恥知らずで出世を望むものたちは、その門下に群れ集まった。成化五年〔一四六九〕九月に憲宗成化帝は昭徳宮に幸した。この時、紀氏は御妻の地位にいた。こうして懐妊した。権勢を極めていた萬貴妃は、このことを知ると、手を尽くして子が生まれないよう邪魔をした。しかし、胎児は無事であった。憲宗成化帝は、安樂堂に移るよう命じ、腹中に塊ができる病気になったと偽らせた。成化六年〔一四七〇〕七月三日、今上皇帝（孝宗弘治帝）はお生まれになった。紀氏は、母乳が少なく、宦官の張敏が侍女に米粉で作った食べ物で育てさせること一ヶ月にわたった。西内にいらっしゃった〔景泰帝の〕廢后の呉氏がこまかに気を配った。まだ命令を受けなかったので、頭髪は生まれた時のままで剪ることもなかった。成化七年〔一四七一〕十一月、憲宗成化帝の第二子の祐極が、正式に皇太子に即いたものの、成化八年一月二十六日に痘瘡で亡くなってしまう。禁中では、この時ようやく西宮におひとりの皇子がいらっしゃると伝わった。上（憲宗成化帝）は、心にたいそうこの皇子のことを思ったが、萬貴妃が忌むことを心配した。成化十一年〔一四七五〕五月、宦官の張敏は、萬貴妃の腹心の宦官の段英と親交を深め、萬貴妃の機嫌がいい時を見計らって、皇子のことを進言した。萬貴妃は認め、上（憲宗成化帝）は召し出した。頭髪はすでに額にまで達していた。お互いの気持ちは通じあい、抱き合って泣き感激した。言葉遣いや挙止は非凡であった。上（憲宗成化帝）は、皇子を撫でてたいそう喜ばれた。萬貴妃は礼服を着て禮物を進呈した。こうして内閣に皇子の名前を擬定させること数度にいたった。最後には、上（憲宗成化帝）がご自身でお名づけになり、仁壽宮に送り養育させた。中外ではこのことを聞き、ともに喜んだ。紀氏は、萬貴妃から觴《さかずき》を授けられ、病気となった。そこで、西内の永壽宮に移り住んだ。成化十一年六月一日、文武の大臣は皇太子を立てることを願い、七日に奏上がなされた。憲宗成化帝は、皇子のいま少し成長するのを待って皇太子にするように命じた。この六月二十八日、皇子（孝宗弘治帝）の生母の紀氏が亡くなった。そして淑妃の位を追贈した。都では、口々に騒ぎ立て、紀氏が鴆毒で亡くなったと言い合った。十一月に皇子（今の孝宗弘治帝）を立てて皇太子とした。後に、孝宗弘治帝が即位するにあたって、生母の紀氏に尊号を追贈して「孝穆皇太后」とした）

こうして、公にされてこなかった第三子の祐樘（後の孝宗弘治帝）が成化十一年十一月八日に皇太子に冊立される。この成化十一年の時も、第二子の祐極が皇太子となった時と同じようにまず大赦が行なわれている。ただ、前回は星變の対応のためなのか、大赦以外に特に恩寵は下されなかったが、この第三子の祐樘（後の孝宗弘治帝）の時は、大赦の詔が出された後も次々と以下のような恩寵が下されている。

まず、成化十一年十一月癸丑（八日）に、第三子の祐樘（後の孝宗弘治帝：成化六年七月三日生）が皇太子となる。

［成化十一年十一月］癸丑（八日）、［祐樘（後の孝宗弘治帝）］を皇太子に冊立す……（『大明憲宗繼天凝道誠明仁敬崇文肅武宏德聖孝純皇帝實錄』巻之一百四十七・「成化十一年十一月癸丑（八日）」条）。

その日に、皇太子冊立の儀式が行なわれ、皇太子冊立を天下に大赦の具体的な内容を記した詔が出される。なお、『明史』憲宗本紀は「［成化十一年］冬十一月癸丑（八日）、皇子祐樘を立てて皇太子と爲し大赦す」とする。

是の日（成化十一年十一月癸丑（八日））、皇太子を冊立するの禮の成るを以て天下に詔告す……（『大明憲宗繼天凝道誠明仁敬崇文肅武宏德聖孝純皇帝實錄』巻之一百四十七・「成化十一年十一月癸丑（八日）」条）。

そして、十一月十二日には臣下の等級を定めて、それぞれに賞賜が下される。

［成化十一年十一月］丁巳（十二日）、皇太子を冊立するの禮の成るを以て、禮部に命じて賞賜の等第（等級）を定めしむ。文武の官は、公・侯・駙馬・伯・左右都督同知・衍聖公・尚書・都御史より一等と為し、都督僉事・左右侍郎・［左右］副都御史・都指揮使・都指揮同知・［各部署の］僉事・大理・光祿・太僕の［各］寺の卿・順天府尹・左右通政・大理［寺］・太常［寺］・太僕［寺］の少卿、鴻臚［寺］の卿・少詹事・［國子監］祭酒・［應天府と順天府の］府丞・各衛の掌印指揮・錦衣衛の指揮同知と［指揮］僉事もて二等と為し、學士・侍讀・侍講

學士・通政司の叅議・大理［寺の寺］丞・各衛の指揮使・指揮同知・僉事・春坊の庶子と諭徳、尚寳司卿と少卿・太醫院使・欽天監［監］正・光祿［寺］と鴻臚［寺］の少卿・帶俸（免官されて俸給だけを受給）の布政司［左右の］叅議もて三等と為し、文武衙門の五品・六品・七品官もて四等と為し、各衙門の七品の首領官・五城副兵馬［指揮使］・京縣の縣丞・五官靈臺郎（天文官）・上林苑監監《ママ》丞（上林苑監丞）并せて八品・九品の雜職及び國子監官もて五等と為し、綵款表裏（文彩のある衣服）を賜うに差有り。南京の文武官は、成國公朱儀及び各堂の上官等五十九人　官を遣りて之に齎賜す（『大明憲宗繼天凝道誠明仁敬崇文肅武宏德聖孝純皇帝實錄』巻之一百四十七・「成化十一年十一月丁巳（十二日）」）。

十一月二十六日には、朝鮮國・安南國に使者を派遣して錦緞を下賜している。同日に、多くの武官たちなどに下賜品が出されている。

［成化十一年十一月辛未（二十六日）］皇太子を冊立するを以て戸部郎中の祁順・禮部郎中の樂章もて正使と為し、行人司左司副の張瑾・行人の張廷綱もて副使と為し、詔を齎《もた》せ朝鮮・安南國に往き開讀（皇帝の詔旨を讀み聞かせる）せしめ、其の國王及び妃に綵款文錦（文彩のある錦緞）を賜うに、各々差有り○皇太子を冊立するを以て、守衛京操官軍及び將軍・力士・校尉・勇士等に絹布（絲麻織物）、官［屬］の二萬二千七百八十九員人に絹一疋、軍及び將軍等二十萬四千九百九十八名人に布一疋を賜う（『大明憲宗繼天凝道誠明仁敬崇文肅武宏德聖孝純皇帝實錄』巻之一百四十七・「成化十一年十一月辛未（二十六日）」）。

翌月の六日には、遼王豪墭と靖江王規裕に「皇太子を冊立するを以ての恩」として白金などが下賜される。

［成化十一年十二月］辛巳（六日）、遼王豪墭等《など》に白金二百兩と紵絲・紗羅各々八疋と錦四疋と高麗白氎絲と西洋等の布各々十疋と絹十六疋を賜う。靖江王規裕に白金半の錦四款と紵絲・紗羅・高麗白氎絲・西羊《ママ》（洋）等布各々六疋と絹十二疋を賜う。皇太子を冊立するを以ての恩なり（『大明憲宗繼天凝道誠明仁敬崇文肅武宏德聖孝純皇

帝實錄』巻之一百四十八・「成化十一年十二月辛巳（六日）」）。

遼王豪墭は、太祖洪武帝の第十五子の植の孫にあたる。初代の遼王植は、太祖洪武帝の時に辺境でしばしば軍功を立てるものの、永樂帝に嫌われる。二十二年に子の貴烚が嗣ぐが、宣德四年に不行跡のため廃されて庶人となり、弟の貴熧が嗣ぐ。そして成化七年にそれを嗣ぐのがこの豪墭である（『明史』巻一百十七・列傳第五・諸王二・太祖諸子二・「遼王植」条・八葉〜九葉による）。また、靖江王規裕は、太祖洪武帝の従孫の守謙の五代目にあたる。初代靖江王守謙の父は朱文正である。朱文正は、明朝建国にあたってたいへんな軍功をあげたものの、論功行賞に不満があり、太祖洪武帝によって監禁されて亡くなる（『明史』巻一百十八・列傳第六・諸王三・太祖諸子三・「靖江王守謙」条・十三葉〜十四葉による）。

遼王府・靖江府ともに、唐突に皇太子冊立の恩寵として下賜品が出ているのである。強いて両王府の共通点を求めれば、ともに先代が処分をうけているということであろうか。

こうしてこの一週間後の十二月十三日に、憲宗成化帝は、「郕王（景泰帝）の帝號・尊謚を復すること及び陵寝（陵墓）を修飾（手直ししてよくする）するを會議」させている。臣下からの提案がないのに、急に憲宗成化帝は提案するように命じる。

第二子の皇太子祐極冊立にあたっては、慣例のとおり天下に大赦を命じただけで、皇太子が亡くなってしまう。それに対して、第三子祐樘が皇太子に冊立されると、次々と恩寵が下される。天下に大赦令を出し、末端の官員にまで下賜が行なわれただけでなく、朝鮮国・安南国や、特に先代に不祥事があった二人の王府に下賜品をあたえている。こうして、郕王（景泰帝）の帝號についての提案するように命じるのである。

もしも、こうした恩寵を下したことの流れの中に郕王（景泰帝）の帝號の復活（皇帝と名乗ることを認めること）を位置づけることができるならば、憲宗成化帝の突然の郕王（景泰帝）の帝號の復活の命令は、皇太子祐樘の健やかな成長のために行なわれたと推測できないだろうか。

なお、沈徳符（字は景倩、又の字は虎臣、号は景伯・清權堂・敝帚軒・甕汲軒。浙江嘉興の人。明・萬曆六年（一五七八）〜明・崇禎十五年（一六四二））。萬曆四十六年（一六一八）の舉人）も『萬曆野獲編』のなかで、「蓋《おも》うに」として、第三子の祐樘（後の孝宗弘治帝）の皇太子冊立と郕王（景泰帝）の称号復活とを関連付けている。

【景帝廢后】成化十一年十二月、上（憲宗成化帝）郕戻王を追復し、舊《もと》の帝號に仍《よ》らしむ。尋《つ》いで諡を上《たてまつ》りて「恭仁康定景皇帝」と曰《い》う。且つ書を周王等の各府に致し、詔もて天下に告げて云う①「之を聖母皇太后（皇太后周氏：憲宗成化帝の生母）に請う」と、亦た云う「先帝（英宗）の遺意より出づるも、不幸にして上賓し、未だ舉行するに及ばず。茲《ここ》に奉《う》けたる慈訓（皇太后周氏の教誨）もて誕《おおい》に在廷（朝臣）に告げ、用て先志を成す。仍お有司をして陵寢を修葺せしむ」と。蓋《おも》うに是の年の十一月に已に孝宗（第三子の祐樘）を立てて皇太子と爲し、海內に大赦す。上（憲宗成化帝）郕邸を追崇（封號を追加する）せんと欲するを意《おも》う。而れども赦書に於いて之を發し難し。故に特に詔を下し以て崇奉するを示す。亦た首揆（宰相）の商文毅（商輅）等の苦心なり……（『萬曆野獲編』巻三・宮闈・「景帝廢后」条）。

①（3）で検討するが、実際には郕王（景泰帝）の称号を回復したという詔は公布されなかった。

（成化十一年十二月に憲宗成化帝は、郕王（景泰帝）の称号を回復して、もとの帝號によることにさせた。続けて「皇帝として」の諡の「恭仁康定景皇帝」を贈った。そして書簡を周王府などに送り、詔を天下に公布して「［帝號の復活などの処遇を］聖母皇太后（皇太后周氏：憲宗成化帝の生母）にお伺いした」といい、また「［この処遇は］、先帝（英宗）のお考えに出るのであるが、先帝（英宗）は不幸にしてお亡くなりになってしまい、実施できなかった。ここに聖母皇太后（皇太后周氏）のお教えをうけて、朝臣に告げて、先帝（英宗）のお考えを全うしたい。あわせて郕王（景泰帝）の陵墓も修復させる」という。これは恐らく以下のような理由からではないか。それは、同年の十一月に第三子の祐樘（後の孝宗弘治帝）を皇太子に冊立して、天下に大赦を行なっている。憲宗成化帝は、［大赦の中に］郕王（景泰帝）に封號することを加えたいと考えた。しかし、このことは、大赦のなかには加えにくい。そこで特に［英宗がすでに郕王（景泰帝）の帝號復活について考えていたことを］尊重するためだという詔を出した。これは、首揆（宰相）の商輅たちが苦心して考えたことである）

しかしながら（3）で検討するが、実際には郕王（景泰帝）の称号を回復したという詔は公布されなかった。では、続けて郕王（景泰帝）の帝號・尊謚の復活について検討してみたい。

注

（1） 憲宗『實錄』には、

［成化七年十二月］壬午望（望：十五日）、上（憲宗成化帝）星變を以て正殿（奉天殿）を避け、樂を撤（とりやめる）し、奉天門に御し常朝の儀の如くす（『大明憲宗繼天凝道誠明仁敬崇文肅武宏德聖孝純皇帝實錄』巻之九十九・「成化七年十二月壬午望（十五日）」条）。

とあり、清・夏燮の『明通鑑』は、

上（憲宗成化帝）正殿（奉天殿）を避け、樂を撤（とりやめ）し、奉天門に御し政を聴く（『明通鑑』巻三十二・紀三十二・「［成化七年十二月］壬午、上避正殿徹樂御奉天門聽政」条「攷異」・八葉）。

とし、「攷異」で、

［攷異］『明史』本紀は、日食の外、星變は多く書せず。是の年の十二月に彗　見《あら》われるは、則ち之を書し、以て正殿を避け、樂を撤（とりやめる）す。［これは］常に非ずと爲せばなり……（『明通鑑』巻三十二・紀三十二・「［成化七年十二月］壬午、上避正殿徹樂御奉天門聽政」条「攷異」・八葉）。

という。

（2） 彗星への対応は、憲宗『實錄』によると以下のようになる。

成化七年十一月

◎甲寅（十六日）、第二子の祐極（成化五年四月二十八日生）が皇太子になり、大赦が行なわれる（『大明憲宗繼天凝道誠明仁敬崇文肅武宏德聖孝純皇帝實錄』巻之九十八・「成化七年十一月甲寅（十六日）」条）。

成化七年十二月

◎甲戌（七日）彗星があらわれ、文武の羣臣に勅諭が出される。

甲戌（七日）、文武の羣臣に勅諭して曰く、乃者《さきごろ》　彗　天田に見《あら》われ、光芒　西指す。玄象（天象）を仰ぎ観て祇《つつし》み懼る。實に深く俯して自から省修（反省して身を修める）するも、厥《そ》の咎を知る罔し。豈に朕（憲宗成化帝）　渉道（皇帝としての旅立ち）尚お淺く、燭理（事理を考察する能力）未だ明らかならずして①刑政の善からざるためか。抑そも人を用いること未だ嘗《こころ》みざる有りて、賢否　混淆するためか、聽言　察せざる有りて是非　乖舛するためか、用度（費用）奢侈にして、賞賜　節無きを將《も》って、妄りに府庫の財を費やすためか、營繕（修繕）頻煩（頻繁）にして、徵科（徵税）藝（基準）無く、軍民の心を傷ましむを致すためか。此に一（ひとつでも）有れば、悉く朕（憲宗成化帝）の過ちなり。而して爾《なんじ》ら文武の羣臣　皆な居官（官員となり）食祿（俸給を受ける）し以て朕（憲宗成化帝）を輔［佐］する者なり、痛みて自から修省（身を修めて反省する）せざる可けんや。其れ公に背きて私に徇《したが》いて政事を怠廢する者有れば、宜しく速やかに改勵（改過ちを改める）し以て庶政（各種の政務）を修め以て朕（憲宗成化帝）の逮《およ》ばさるを匡《ただ》すべし。凡そ時政の得失・生民の利病に張弛（締めたり緩めたり）・興革（始めたり改めたり）す可き者有れば、爾《なんじ》ら文武大臣并せて科道　公同に會議し停當（処理する）し條擧して以て聞せよ。務は切實に行なう可きに在り。庶幾《こいねが》わくは君臣上下　心を同じく德に協い交修②の道を盡して、則ち人心悅び、而して天意回《かえ》らんことを（『大明憲宗繼天凝道誠明仁敬崇文肅武宏德聖孝純皇帝實錄』巻之九十九・「成化七年十二月甲戌（七日）」条）。

① 『舊唐書』代宗紀に「朕渉道未弘、燭理多昧（朕　渉道未だ弘からず、燭理　昧《くら》きこと多し）」。

② 『書經』說命下に「爾交修予、罔予棄、予惟克邁乃訓（爾《なんじ》　交《こも》ごも予《われ》を修めよ、予《われ》を予棄つること罔《なか》れ、予《われ》　惟れ克《よ》く乃《なんじ》の訓《おしえ》を邁《おこな》わん）」。

◎庚辰（十三日）、太子少保吏部尚書兼文閣大學士の彭時などが彗星に対する七箇条の対策を提言する。それに対して、憲宗成化帝は次のようにいう。

奏入り、上（憲宗成化帝）曰く、具《つぶ》さに言う所の事を覽るに、皆な切實なり。朕（憲宗成化帝）自から處置せん。卿等　宜しく勉力（盡力する）佐理（補佐する）し、以て朕が懷《おもい》に副《そ》うべし（『大明憲宗繼天凝道誠明仁敬崇文肅武宏德聖孝純皇帝實錄』巻之九十九・「成化七年十二月庚辰（十三日）」条）。

◎辛巳（十四日）、文武大臣・六科十三道・英國公の張懋・太子少保兼吏部尚書の姚夔などが「星象　變を示し、伏して聖諭の命を聴き、時政を條擧し以て聞す」として二十五箇条の提案を行なう（『大明憲宗繼天凝道誠明仁敬崇文肅武宏德聖孝純皇帝實錄』巻之九十九・「成化七年十二月辛巳（十四日）」条）。

◎辛巳（十四日）、光祿寺少卿の陳鉞が星變に因りて時弊五事を上言する（『大明憲宗繼天凝道誠明仁敬崇文肅武宏德聖孝純皇帝實錄』巻之九十九・「成化七年十二月辛巳（十四日）」条）。

◎壬午（十五日）、星變のため正殿（奉天殿）での儀式を避けて奉天門で行なう。

壬午（十五日）、上（憲宗成化帝）星變を以て正殿（奉天殿）を避け、樂を撤（とりやめる）し、奉天門に御し常朝の儀の如くす（『大明憲宗繼天凝道誠明仁敬崇文肅武宏德聖孝純皇帝實錄』巻之九十九・「成化七年十二月壬午（十五日）」条）。

◎壬午（十五日）、都察院左都御史の李賓が星變のため辞職を願い出るが、認められない（同上）。

◎癸未（十六日）、太子少保吏部尚書兼文淵閣大學士の彭時などが、星變のため臣下を召見してもらいたいと願い出る。

癸未（十六日）、太子少保吏部尚書兼文淵閣大學士の彭時等　言う、茲者《ここに》天象　戒を垂らすは、古今　罕見（まれである）なり。外人　皇上（憲宗成化帝）の憂勤（苦労をいとわずはげむ）・在心（心配する）を知らずして、竊かに謂う、此の災變に遇うも泛常（平常）に未だ嘗て降顔して臣下に一接して民情の議論洶洶（議論が沸騰する）たるを詢訪（問いただす）せざるが如きを視る、と。臣等　明《あした》の早朝（朝會）の退くに於いて便殿に詣り、請見（接見）せられんと欲す。［それは］一に以て聖心を寛（寛大）にし、一に以て羣議息《や》むためなり。明日、上（憲宗成化帝）退朝し、文華殿に御して［彭］時等を召して見えよ、と（『大明憲宗繼天凝道誠明仁敬崇文肅武宏德聖孝純皇帝實錄』巻之九十九・「成化七年十二月癸未（十六日）」条）。

◎癸未（十六日）、兵科給事中の郭鏜が星變について提言する。その提言に対して、憲宗成化帝は同じことを提案するとして批判する。

上（憲宗成化帝）以《おもえ》らく［郭］鏜の言う所は多く文武大臣の會議の具奏する者なり。［なのに］、今又た妄りに煩瀆（軽率にかき乱す）を言えば、本より當に逮問（逮捕して罪を問う）すべきも、姑く之を恕す（『大明憲宗繼天凝道誠明仁敬崇文肅武宏德聖孝純皇帝實錄』巻之九十九・「成化七年十二月癸未（十六日）」条）。

◎丙戌（十九日）の「進春」の儀礼を、星變のため平服で行ない祝賀を受けないことにする。

丙戌（十九日）、立春。順天府官の進春［の儀礼］は例として殿に登り賀を受く。上（憲宗成化帝）星變を以て第《た》だ常服もて奉天門に御し、順天府官に便服（平服）もて進春し、賀を免ぜよと命ず（『大明憲宗繼天凝道誠明仁敬崇文肅武宏德聖孝純皇帝實

録』巻之九十九・「成化七年十二月丙戌（十九日）」条）。

◎己丑（二十二日）、工科給事中の張琳が星變について提言する。その提言に対して、憲宗成化帝は、次のようにいう。

疏入り、上（憲宗成化帝）曰く、言事の當理（理に合う）者、朕（憲宗成化帝）未だ嘗て從わざるにあらず。當に理ならざる者有るも亦た罪を加えず。［張］琳　如何ぞ又た是の言を為さん（『大明憲宗繼天凝道誠明仁敬崇文肅武宏德聖孝純皇帝實録』巻之九十九・「成化七年十二月己丑（二十二日）」条）。

◎庚寅（二十三日）、左春坊左諭德の王一夔が星變について五箇条の提言を行なう。その提言に対して、憲宗成化帝は、次のようにいう。

批答に曰く、此れ皆な陳腐の言にして、而して妄りに自《みず》から大本（原因）を張（誇張）すれば、當に究治（追究して處理する）すべし、但だ係《こ》れ言を用いるの時なれば、姑《しばら》く之を宥《ゆる》す（『大明憲宗繼天凝道誠明仁敬崇文肅武宏德聖孝純皇帝實録』巻之九十九・「成化七年十二月庚寅（二十三日）」条）。

◎庚寅（二十三日）、刑科等科都給事中の白昂などが星變について十二箇条の提言を行なう（『大明憲宗繼天凝道誠明仁敬崇文肅武宏德聖孝純皇帝實録』巻之九十九・「成化七年十二月庚寅（二十三日）」条）。

成化八年正月

◎戊戌朔（一日）、星變のため慶賀の禮を取りやめる。

◎戊戌朔（一日）、十三道監察御史の張敷などが星變のために八箇条を陳言する。その提言に対して、憲宗成化帝は、次のようにいう。

［上（憲宗成化帝）批答して曰く、爾等の言［のうち］是れ自から［官員が星變のため］退避（辭職）するを陳ぶの一事は已に處置す。餘は皆な准行（実行を許す）す（『大明憲宗繼天凝道誠明仁敬崇文肅武宏德聖孝純皇帝實録』巻之一百・「成化八年春正月戊戌朔」条）」。

◎乙巳（八日）、太子少保兼吏部尚書の姚夔が星變のため辭職を願い出るが、憲宗成化帝は次のように言い辭職を認めない。

上（憲宗成化帝）曰く、玄象　警を君臣に示せば、正《まさ》に當に同じく修省（反省して身を修める）を加え、以て天變に應ずべし。卿は大臣為《た》り。何ぞ輒ち退避（辭職）を求めん。辭する所は允さず（『大明憲宗繼天凝道誠明仁敬崇文肅武宏德聖孝純皇帝實録』巻之一百・「成化八年春正月乙巳（八日）」条）。

◎丙午（九日）、夜、彗星　奎宿の外屏を行く、星の下の形　漸く消え、小となる。
◎辛亥（十四日）、星變のため慶成宴（天地を大祀した翌日に挙行される宴：『大明會典』巻之二百十五・太常寺による）をとりやめる。なお、この年の天地の大祀は、丁未（十日）に行なわれている。
◎癸亥（二十六日）、皇太子祐極が亡くなる。

（3）黄雲眉の『明史考證』は、『雙槐歳鈔』と『治世餘聞録』とを引用し、次のようにいう。

此れ（『雙槐歳鈔』・『治世餘聞』）に據れば、則ち成化十一年の召見の前に、帝（憲宗成化帝）已に西宮に子有るを知る。且つ先ず張敏の段英に結ぶに由りて萬貴妃に進言し、而して後に召見を得る者なり。兩書（『雙槐歳鈔』・『治世餘聞』）の記載　皆な同じなれば、史『明史藁』（『明史』）に較べて實に近しと爲すに似たり（中華書局一九八五年刊『明史考證』第四冊・九八三頁・明史巻一百十三（列傳第一）考證・后妃一・孝穆紀太后・「成化十一年、帝召張敏櫛髪、照鏡歎曰：〝老將至而無子。〟至萬貴妃日夜怨泣曰：〝羣小紿我。〟」条）。

なお、『治世餘聞録』（上篇巻之一：明萬暦四十五年陳于廷刻『紀録彙編』巻八十三〜巻九十所収本）に、「詳しくは大學士尹直の『［謇齋］瑣綴録』に見ゆ」とあるように、『謇齋瑣綴録』巻之五・（『四庫全書存目』子部二百三十九冊所収「明鈔『國朝典故』本」）には、いますこし詳しく記載される。ただし、徐乾學（字は原一、号は健庵。江蘇崑山の人。明・崇禎四年〔一六三一〕〜清・康熙三十三年〔一六九四〕。康熙九年庚戌科〔一六七〇〕一甲三名の進士）の「修史條議」によると、『［謇齋］瑣綴録』は、

野史の流傳するものは、盡くは信ず可からず。其の最も私を挾みて正を害する者は、尹直の『瑣綴録』・王瓊の『雙溪雜志』・支大綸の『永昭陵編年史』に如《し》くは無し。此れ皆な小人の尤《あやまち》にして、其の言　豈に憑據するに足らんや……（『憺園集』巻第十四・「修史條議」・十九葉）。

といわれる。

また後になると、この説話が発展して、最終的には次のような『明史藁』・『明史』の記述となり定着したようだ。

孝穆紀太后は、孝宗［弘治帝］の生母なり。賀縣の人にして、本と蠻土の官女なり。成化中に蠻を征《う》ちて、俘として掖庭（後宮に入り、女史①を授けらる。警敏にして文に通じ、命じて內藏（後宮の倉庫）を守らしむ。時に萬貴妃　寵を顓《もっぱら》にし妬《ねたみ》（他の女性との仲をにくむ）あり、後宮に娠（みごもる）者有れば、皆な治（治療）して墮［胎］せしむ。柏賢妃［第二子の］悼恭太子を生み、亦た害する所と爲る。帝（憲宗成化帝）偶々內藏を行くに、應對稱旨（憲宗成化帝の気持ちに合った）す。［それで］、之を悦び一幸ありて。身（みごもる）有り。萬貴妃　知りて恚《いか》ること甚だし。婢をして之を鈎治（詳しく調べて処置する）せ

しむ。婢　謬《あざむ》き報じて「痞（腹中に塊ができる病気）を病む」と曰《い》う。乃ち謫《とが》めて安樂堂に居《すまわ》す。久之《ひさしくして》、孝宗［弘治帝］を生めば、門監の張敏をして溺れしむ。［張］敏　驚きて曰く「上（憲宗成化帝）未だ子有らず。奈何ぞ之を棄てんや」と。稍《すこし》づつ粉餌（米粉で作った食品）・飴蜜を哺《ふく》まし、之を他室に藏《かく》す。［萬］貴妃　日々伺うも得る所無し。五六歳に至り、未だ敢て胎髪を剪《き》らず。當時、呉后（景泰帝の元皇后）廢されて西內に居（すまい）し、安樂堂に近し。密かに其の事を知り、往來して哺養するも、帝（憲宗成化帝）知らざるなり。帝（憲宗成化帝）［第二子の］悼恭太子の薨じてより、數數《なんども》影の躑躅（うろうろする）するを視る。中外の羣臣　皆な［萬］貴妃の故さらに恐るるを以て皇嗣は復た望む可からざるを知り、私に帝に爲に憂う。成化十一年、帝（憲宗成化帝）一日［張］敏を召して櫛髪させ、鏡を照らし嘆きて曰く、「老の將に至らんとして子無し」と。［張］敏　地に伏して曰く、「死罪あり。萬歳（憲宗成化帝）已に子有るなり」と。帝（憲宗成化帝）愕然とし、「安くに在りや」と問う。對《こた》えて曰く「奴　言いて即ち死せん。萬歳（憲宗成化帝）當に子の主と爲るべし」と。是に於いて太監の懷恩　頓首して曰く、「［張］敏の言　是なり。皇子　潛かに西內に養わる、今已に六歳なり。匿して敢て聞せず」と。帝（憲宗成化帝）大いに喜び、即日西內に幸し、使を遣りて皇子を往迎せしむ。使　至り、宣詔（詔を伝える）す。妃（孝穆紀太后）皇子を抱き泣きて曰く、「兒（祐樘：後の孝宗弘治帝）去《ゆ》け。吾（孝穆紀太后）生きるを得ず。兒（祐樘：後の孝宗弘治帝）黃袍の鬚有る者を見れば、即ち兒（祐樘：後の孝宗弘治帝）の父なり」と。皇子（祐樘：後の孝宗弘治帝）小緋袍を衣《き》て、小輿に乘り、擁《いだ》かれて階下に至る。髪　地に披《ひろ》がり、走りて帝（憲宗成化帝）の懷に投ず。帝（憲宗成化帝）之を膝に置きて、撫して視る。久之《ひさし》くして悲喜し、泣き下りて曰く、「我が子なり。我に類《に》（似）たり」と。懷恩をして內閣に赴かせ其の故を具さに道《い》わしむ、羣臣　皆な大いに喜ぶ。明日、入りて賀し、詔を天下に頒《し》く。妃（孝穆紀太后）を移して永壽宮に居らしめ、數しば召見す。萬貴妃　日夜怨み泣きて曰く、「羣小　我を紿《あざむ》けり」と。其の年の六月、妃（孝穆紀太后）暴かに薨ず。或いは曰く、［萬］貴妃　使をして妃（孝穆紀太后）に死を賜う、と。或いは曰く、自縊するなり、と。謚を賜いて「恭恪莊僖淑妃」とす。［張］敏懼れ、亦た金を呑みて死す。［張］敏は、同安の人なり。孝宗　既に立ちて皇太子と爲りし時、孝肅皇太后　仁壽宮に居《すまい》す。帝（憲宗成化帝）に語《つ》げて曰く「兒（祐樘：後の孝宗弘治帝）を以て我に付《わた》せ」と。太子（祐樘：後の孝宗弘治帝）遂に仁壽に居《すまい》す。一日、［萬］貴妃　太子（祐樘：後の孝宗弘治帝）を召して食せしむ。孝肅［皇太后］　太子（祐樘：後の孝宗弘治帝）に謂いて曰く、「兒（祐樘：後の孝宗弘治帝）去《ゆ》け。［しかし］食すること無し」と。太子（祐樘：後の孝宗弘治帝）至り、［萬］貴妃　食を賜うに、曰く「已に飽（まんぷく）たり」と。羹を進む。曰く、「羹に疑うらくは毒有らん」と。［萬］貴妃　大いに恚《いか》りて曰く、「是の兒（祐樘：後の孝宗弘治帝）數歳にして即ち是の如し。他日我を魚肉（思うままにする）せん」と。恚りに因りて疾と成る……[2]（『明史藁』列傳第一・后妃上・「孝穆紀太后」条・十六葉〜十七葉：『明史』巻一百十三・列傳第一・后妃一・「孝穆紀太后」条・十八葉〜十九葉とは文字の異同が少しある）。

①『萬曆野獲編』補遺巻一・宮闈・「女秀才」条に「凡そ諸々の宮女　曾て内臣の教習を受く。書を讀み文理に通ずる者は、先ず女秀才と爲し、遞（続いて）して女史に陞り、宮官に陞り。以て六局掌印に至る」。

②沈德符は、『萬曆野獲編』（巻三・宮闈・「孝宗生母」条）で、恐らく『明史藁』が基づいた于愼行『穀山筆麈』（巻之二・紀述一・二葉）を「後、萬妃　曾て皇子を食に召す。毒有るを以て辭す。妃　因りて忿り語《つ》ぐ能わず。以て疾と成るを致す」と要約し「[萬貴妃が薨じたのは]、[孝宗弘治帝が] 太子に立ちし時を距つこと又た十三年なり。安くんぞ忿りて語ぐ能わず疾と成るの說有るを得んや」と言う。

（3）帝號復活の内容

第三子祐樘（後の孝宗弘治帝）が冊立された翌月の成化十一年十二月戊子（十三日）に、憲宗成化帝は、唐突に郕王（景泰帝）の帝號・尊謚を復することと陵寝（陵墓）を修飾（手直ししてよくする）することを會議させる。

[成化十一年十二月] 戊子（十三日）、郕王（景泰帝）の帝號を復するを命じ、尊謚及び陵寢（陵墓）を修飾（手直ししてよくする）するを會議せしむ。上（憲宗成化帝）廷臣に勑して曰く、曩者《さき》に、朕（憲宗成化帝）の叔の郕王（景泰帝）踐阼し、戡難（禍乱を取り除く）して邦を保ち、宗社を奠安（安定）すること、亦た既に有年なり。寝疾（病臥）し臨薨の際に及び、姦臣　功を貪りて事を生（騒動を起こす）じて、妄りに讒搆（讒言して陥れる）を興し、[郕王（景泰帝）の] 帝號を去らんことを請う。先帝（英宗）尋いで誣枉（罪のない郕王（景泰帝）を誣《そし》って罪に落とす）なるを知り、深く悔恨を懷く。次（順次）を以て姦を法に抵《あ》つ。[しかし英宗は]、不幸にして上賓し、未だ擧正するに及ばず。朕（憲宗成化帝）大業を嗣承（継承）し、茲《ここ》に于《お》いて一紀（十二年）なり。

毎に思うに儒先[①]言有り。［それは］「祖父　爲さんと欲するの志有りて未だ爲さざれば、子孫　善く其の志を繼ぎて之を成就す」と。此れ所謂ゆる孝なり。間（近頃）に［郕王（景泰帝）の］帝號の復するを以て諸《これ》を聖母皇太后（皇太后周氏：憲宗成化帝の生母）に質《ただ》すに、亦た云う「此れ先帝（英宗）の本意なり。宜しく即ち擧行せよ」と。朕（憲宗成化帝）祗だ慈訓を服し、敦く親親（親族への恩情を尽くす）を念い、在廷（朝臣）に誕告（幅広く告知する）し、用《も》って先志を成さん。其れ郕王（景泰帝）は舊《もと》の皇帝の號に仍《よ》る可し。所有（ここで論点となっているところの）尊謚は、禮部　會議し以て聞せよ。務めて人心に合わし、典禮に乖くこと毋れ。仍お所司をして修飭（整備）せしむる陵寢は、勅の如くし、奉行（実行）せよ（『大明憲宗繼天凝道誠明仁敬崇文肅武宏德聖孝純皇帝實錄』巻之一百四十八・「成化十一年十二月戊子（十三日）」条）。

①『中庸』第十九章第二節の「夫孝者、善繼人之志、善述人之事者（夫れ孝なる者は、善く人の志を繼ぎ、善く人の事を述ぶる者なり）」の新安陳氏の注に「新安陳氏（陳櫟）曰、祖父有欲爲之志而未爲、子孫善繼其志而成就之……（新安の陳氏（陳櫟）曰く、祖父　之を爲さんと欲するの志有りて未だ爲さず、子孫　其の志を善く繼ぎて之を成就す……）」（『四書大全』中庸章句大全上・『中庸』第十九章第二節所引）。

（憲宗成化帝が、郕王（景泰帝）の帝號を復活させることを命じ、尊號とその陵墓の改修について会議させた。

上（憲宗成化帝）は、廷臣たちに命令を下して「以前、朕（憲宗成化帝）の叔父の郕王（景泰帝）が帝位を受け継ぎ、禍乱を取り除いて領土を守り、国家を安定させること長年にわたった。病に臥せて亡くなった時、姦臣が手柄を求めて騒動を起こしたり、讒言して陥れたりして、郕王（景泰帝）の帝號を除くことを願い出た。先帝（英宗）は、まもなく罪のない郕王（景泰帝）が誣《そし》られて罪に落とされたことをお分かりになり、深く後悔の念を懐かれた。そこで、次々と姦臣たちを罪に問われたが、不幸にしてお亡くなりになり、誤りを正すことはおできにならなかった。朕（憲宗成化帝）は、帝位を引き継ぎ、ここに十二年となる。いつも、先儒の「祖父　爲さんと欲するの志有りて未だ爲さざること有れば、子孫　善く其の志を繼ぎて之を成就す」という言葉を思い返している。これこそ「孝」である。近頃、郕王（景泰帝）の帝號の復活を皇太后（皇太后周氏：憲宗成化帝の生母）にお尋ねとしたところ、「これは先帝（英宗）の本意である。すぐに事を行なうべきである」とおっしゃった。朕（憲宗成化帝）は、ただ皇太后（皇太后周氏：憲宗成化帝の生母）のお教えに従って、あつく親族への恩情を尽くすことを思い、廷臣たちに広く告知して、先ごろからの念願を果たしたい。そこで、郕王（景泰帝）の言い方は、もとからの帝號を用いてもよい。そして、ここで論点となっているところの尊謚について禮部で集まって議論して報告せよ。つとめて人々の気持ちに沿ったものとせよ。ただし、典礼に背くものであってはならない。なお、関係の役所に整備させる陵墓は、詔勅に従い、命令のとおりに実行せよ）

功績があった郕王（景泰帝）の帝號が除かれたのは、奸臣たちが行なったことであり、先帝（英宗）は帝號の復活を望んだが、果たせなかった。だから、帝号の復活は、先帝（英宗）の本意であり、皇太后（皇太后周氏：憲宗成化帝の生母）からも勧められたことから行なうという。ただし、父の英宗が「郕王」に贈った「戾」という謚についてはまったく言及がない。また、公式的には、景泰帝を郕王に降格させたのは、皇太后孫氏（宣宗宣德帝の皇后孫氏：英宗の生母）の諭（懿旨）によってである。

こうして十二月十七日に文武の群臣や英國公の張懋などが、郕王（景泰帝）の帝號を復活して、「恭仁康定景皇帝」という尊謚を贈ってもらいたいという提案を行なう。

壬辰（十七日）、文武の群臣・英國公の張懋等　郕王（景泰帝）の帝號乃《ま》た尊謚を復するの議を上《たてま》つりて■（一字不明）曰く、仰そも惟《おも》うに郕王（景泰帝）早《つと》に王爵を僭《にな》い、藩を京師に奉ず。先帝（英宗）の北狩の秋・虜寇の南侵の日に當りて、郊畿（国都の内外）震動し、神器（帝位）虚危なり。乃ち傳授の命を慈闈（皇太后孫氏：英宗の生母）に仰ぎ承け、擁戴（推戴）の情（輿論）を臣庶（臣民）に俯従（聞き入れる）す。大位（帝位）に嗣登し、「弘《おお》いに艱難を済《すく》う」①。賢才を抜擢し、群策を延攬（受け入れ）す。旁《ちか》きは既に潰えるの士卒を収め、遠きは深く入るの虜鋒を却く。京城を保固（強固に防禦する）し、宗社を奠安（安定）す。申《かさ》ねて戰守（和戦両様）を嚴（準備）するの師もて、再び［英宗を］奉迎の使を遣《や》り、卒に虜酋に悔過（過ちを悔いる）を致す。先帝（英宗）回鑾（帰還）し、尊養（尊敬して養う）の禮　加うる有り、讒間（讒言して他人を離間させる）の言　入る罔し。始終すること八載、兩宮（英宗と憲宗成化帝）を全護（安全に保護する）す。仁恩（仁愛恩徳）寰區（天下）に覃被（ひろく施し及ぶ）し、而して夷夏（夷狄と華夏）の民　安堵す。威武　海宇に奮揚（力強く表彰する）し、而して閩・廣の寇　俘を獻ず。蓋し亦た有為の君なり。末年の寢疾（臥病）遽かに罹るに屬し、臣下の姦謀　巧みに讒間を肆にし、薨ずるに臨みて、帝號を削らんことを請うを奈《いかん》せん。既に逝くに於いて、尚お先皇（英宗）の覺晤に頼り、旋いで姦宄（悪徒）を誅夷（誅殺）に抵《あ》つ。［先皇（英宗）の］擧正（誤りを正す）の未遑（間に合わない）と雖も、實に詒謀②（天下を順《したが》える謀を伝え、子孫を安んじる）を待つ有り。恭しく惟《おも》うに皇帝陛下（憲宗成化帝）明は日月より高く、量は乾坤（天地）より廓《ひろ》し、孝道は丕隆（手厚さを極める）なり。［そこで］、先帝（英宗）の為さんと欲する所の素志（平素の願い）の綸音（帝王の詔令）を承け、景泰の已に有する所の徽稱（褒めたたえる称号）を復するを渙布（詔勅を発布する）す。［そうして］、上は在天の靈を慰め、下は率土（王土）の議に協い、敦禮（禮教を尊崇する）倫を正すこと、誠に遠く千古を超ゆ。流芳（美しい聲譽）類を錫い③、殆ど萬年に茂衍（繁盛）せんとす。臣等　命を聞き忻忭（喜び）に勝えず。謹しみて聞見の蹟を摭（捜集）し、庸《も》って群議の公を陳ぶ。［その結果］、宜しく尊謚を上りて「恭仁康定景皇帝」と曰うべし。臣等　拜手稽首して謹しみて議（提案）す（『大明憲宗繼天凝道誠明仁敬崇文肅武宏德聖孝純皇帝實錄』巻之一百四十八・「成化十一年十二月壬辰（十七日）」条）。

①『書經』顧命に「弘濟于艱難（弘《おお》いに艱難を済《すく》え）」。

②『詩經』大雅・文王有聲に「詒厥孫謀、以燕翼子（厥の孫謀を詒《のこ》し、以て翼子を燕《やすん》ず）」とあり、鄭箋に「傳其所以順天下之謀、以安敬事之子孫（其の天下を順《したが》える所以の謀を傳え、以て事を敬するの子孫を安んず）」と解釈するのに基づく。

③『詩經』大雅・既醉に「孝子不匱、永錫爾類（孝子 匱《つ》きず、永く爾に類を錫《たま》う）」。毛傳に「類、善也」。

（文武の群臣・英國公の張懋などが、郕王（景泰帝）の帝號と謚號を復活させる提案を奉って言う「そもそも、郕王（景泰帝）は、早くから王に任ぜられ（宣德十年二月九日に郕王となる）、北京で臣と称していました。先帝（英宗）が北方においでになってしまわれ、虜が南に侵攻してきた時になって、国都の内外は、震え動き、帝位は空位となりました。そこで皇位継承の命令を皇太后孫氏（英宗の生母）に求めて、推戴の願いを臣や民から聞き入れ、帝位を継承し、立派に危機を救いました。徳がある者や才能のある者を抜擢し、いろいろな提言を進んで受け入れました。近くでは潰えた士卒を収めて、遠くでは深く侵略してきた虜の鋭鋒を退けました。京城を強固に防禦し、国家を安定させました。重ねて和戦両様の準備をさせた軍隊をおき、ふたたび英宗を迎える使者を送り、とうとう虜酋に過ちを悔いるようにさせました。先帝（英宗）がご帰還になり、郕王（景泰帝）は尊養（尊敬して養う）の禮を加えられ、お二人の間を悪くさせるような讒言は、入る余地がございませんでした。八年の間、英宗と太子であった憲宗成化帝をずっと安全に保護なさいました。仁恩（仁愛恩徳）を天下にひろく施し及ぼし、夷の民も中華の民も安堵しました。威厳は、国内に力強く表彰され、南方の閩・廣地域の侵略者も自分たちが捕獲した俘虜を献じて帰順してまいりました。やはり有為の君でしょう。しかし、晩年に臥せるような病ににわかに罹られることになり、臣下のものの邪悪な計画で、お二人の間を悪くさせるような巧妙な讒言が横行するようになりました。またお亡くなりになると、帝號の削除することを願い出ることをどうすることもできませんでした。やはり先皇（英宗）がお悟りになったおかげで、たちまち邪悪な人間を誅殺されるに至りました。先皇（英宗）が誤りを正されるには、すでに間に合わないとしましても、実際にその詒謀（天下を順《したが》える方策を伝え遺し、子孫を安んじる）のおこころざしは［お子様である皇帝陛下（憲宗成化帝）が行なうことで］まだまだ間に合います。恭しく思いますに、皇帝陛下（憲宗成化帝）は、明察でいらっしゃることは日月よりも高く、思慮深さは天地よりも広く、孝でいらっしゃることは手厚さを極めておられます。そこで、先帝（英宗）が平素からなさりたいと思っておられたお考えを受け継がれて、景泰帝の前から持っておられた称号を復活させる命令を出されました。そうしたことで、上は在天の靈を慰め、下は国家の提案に協い、禮教を尊崇し、人倫を正すことが、ほんとうに悠久なものとなってゆきます。また、美しい聲譽は善を天から賜ることになり、ほとんど永遠に盛んとなります。臣下のものは、陛下（憲宗成化帝）のご命令を聞き、喜びにたえません。つつしんで調査して得たことを集め、ここに公正な提案をいたします。結果といたしましては、尊号は「恭仁康定景皇帝」となさるべきかと存じます。臣下の者たちは、拝手稽首して謹んで提案いたします）

やはり、功績があった郕王（景泰帝）の帝號が除かれたのは、奸臣たちが行なったことであり、それを知った先帝（英宗）は、帝號の復活を望んだが果たせなかった。憲宗成化帝が、先帝（英宗）の志を継いで帝號（諡號）を復活させることを命ぜられたのは非常に素晴らしいことであり、尊号は「恭仁康定景皇帝」にしてもらいたいと提案する。

そして、憲宗成化帝は、二十四日に翰林院に諡册を撰するよう命じ、天地・宗廟・社稷に報告の儀式を行なう。この時、翰林院が撰した諡册は次のようなものである。

維れ成化十一年歳次乙未十二月丙子朔二十四日、姪嗣皇帝見濡　謹みて再拝稽首して上言す。伏して以《おも》うに功業の盛なる者は宜しく徽稱（尊號）を享《う》くべし、孝愛[1]の隆き者は志を繼ぐよりも先なるは莫し。恭しく惟《おも》うに叔父郕王（景泰帝）多難の秋《とき》に當るに比《およ》び、俯して群臣の請に徇《したが》い、朝に臨みて踐阼（即位）し、奮武揚兵[2]（閲兵）し、虜の勢を方張（勢いが盛んであるところ）に却《しりぞ》け、［捕虜になった］鑾輿（天子の車駕：英宗を指す）の遄《すみやか》に復《かえ》るを致し、宗社を奠安（安定）し、邦家を輯寧（安撫）す。敬養（奉養）奉尊（尊重）を備え、惠化（すぐれた政治と教化）逮下（下に及ぶ）に周《あまね》し。偶々寢疾（臥病）に因りて遂に彌留（久しく病んで癒えない）に至る。皇考（英宗）天に應じ人に順い、③大位（帝位）を復正（正統な状態に回復する）す。眷《かえり》み惟《おも》うに同氣（兄弟）初めは間言（異議）無し。姦臣の貪功もて妄りに異議を生じ、［景泰帝の］帝號を去り王封（郕王）に退け就くを請うを奈《いかん》せん。皇考（英宗）の日月の明灼に頼りて、誣枉（郕王景泰帝が誣《そし》られて罪に落とされた）なるを知り、姦を法に抵《あ》て、舊稱を復せんことを擬す。［しかし］、不幸にして上賓し、因りて未だ果せず。姪 大業（帝業）を嗣守し、敦く親親（親族への恩情を尽くす）を念う。間（近來）、［郕王の］帝號の復するを以て聖母に請い、伏して慈旨（慈母の教誨）の欣然として允從（承諾）するを承く。是用（これによって）至公を參合し、祗《つつ》しみて鴻號（美稱）を薦《たてまつ》り、叔父（景泰帝）の盛烈（盛大な功業）を昭《あき》らかにし、皇考（英宗）の素心（本心）に副《そ》わん。謹みて英國公張懋を遣りて冊寶を奉じて、尊謚を上《たてま》つりて「恭仁康定景皇帝」と曰う。伏して惟うに神靈在るが如し、鑒《かんがみ》て是れ用《も》って歆《う》け、慶なるを錫（賜）いて流芳（美徳が広まる）、永永に極まる無し。④［ここに］謹みて言う（『大明憲宗繼天凝道誠明仁敬崇文肅武宏德聖孝純皇帝實錄』巻之一百四十八・「成化十一年十二月己亥（二十四日）」条）。

①『禮記』文王世子に「戰則守於公禰、孝愛之深也（戰うに則ち公禰（先祖の位牌）を守るは、孝愛の深きなり）」。

②『書經』禹貢に「二百里奮武衛（二百里は武を奮いて衛《まも》る：武力を奮って国の守りにあたる）」。

③『易』革卦彖傳に「湯武革命、順乎天而應乎人、革之時大矣哉（湯武 命を革めて、天に順いて人に應ず。革の時 大いなるかな）」。

④『大戴禮記』公符に「陛下永永、與天無極（陛下 永永たりて、天と極まり無し）」。

（成化十一年十二月二十四日、甥の皇帝の見濡（憲宗成化帝）は謹んで再拝稽首して申し上げます。伏して思いますに、功績の盛んな者は尊号を授かるべきであり、孝愛が深く盛んである者は、先人の志を継承することが優先します。そもそも伯父の郕王（郕王景泰帝）は、困難な時期に直面し、臣下の要請に従い、朝廷で即位し、武力を奮って挙兵し、異民族を自分たちの勢力範囲にまで退かせ、捕虜になられた父の英宗をすみやかに取り戻し、政府を安定させ、国を落ち着かせになりました。［肉親を］敬い養う（『禮記』祭義）こともきわめて丁寧になさい、すぐれた政治と教化を下々にあまねくおよぼしになりました。そのような時、たまたまご病気のため、長患いされました。そこで、父の英宗は、天命に応じ、人心に順じて、帝位にお戻りになりました。顧みて思いますに兄弟（英宗と郕王景泰帝）は、はじめはわだかまりはありませんでした。ところが、姦臣が功績を貪り求めるために妄りに異論を作りだし、景泰帝の帝號を除き去りもとの郕王にしたいという請願をどうしようもできませんでした。しかし、父の英宗は、日月のような明るく照らし出すことによって、郕王景泰帝が誣いられて罪に落とされたことを理解され、姦臣たちを処罰し、景泰帝の帝號をもとに戻そうとお考えになりました。ところが不幸にしてお亡くなりになり、このことは果たすことができませんでした。甥である私（憲宗成化帝）は、帝位を受け継ぎ、あつく親族への恩情を尽くすことを考えました。近頃、郕王の帝號を復活させることについて皇太后周氏にお願いし、皇太后周氏がお喜びになって出されたお許しの命令書を受け取りました。こうしたことから、公正な気持を極めて、つつしんで美稱を［郕王］に奉って、叔父（景泰帝）のすぐれた功績を明らかにし、皇考（英宗）の素心（素願）に沿いたいと思います。つつしんで英國公張懋を派遣して冊寶を奉じて、「恭仁康定景皇帝」という尊号を奉ります。伏して、神靈がいらっしゃるように、鑑として歆《う》け奉り、慶事を賜わり美徳が広まり、永遠に極まることがないようにと考えます。ここに謹んで以上のことを申し上げます）

これまでの議論を受け、功績があった郕王（景泰帝）の帝號が除かれたのは、奸臣たちが行なったことであり、それを知った先帝（英宗）は、帝號の復活を望んだが果たせなかった。憲宗成化帝が、先帝（英宗）の志を継いで帝號を、つまりは謚號を復活させることを命じた、というのである。

ところが、この日に尊謚を上《たてまつ》る儀式が終了して、禮部が、「恭仁康定景皇帝」という帝王としての謚號を贈ったことを詔として天下に布告することを求めたところ、憲宗成化帝は「之を已《や》めよ」と命ずる。

禮部　奏すらく、恭仁康定景皇帝の尊謚を上《たてまつ》るの禮成りて、詔もて天下に告げんことを乞う、と。上（憲宗成化帝）曰く、之を已《や》めよ、と（『大明憲宗繼天凝道誠明仁敬崇文肅武宏德聖孝純皇帝實錄』巻之一百四十八・「成化十一年十二月己亥（二十四日）」条）。

天下に公示して周知させることは認めなかったのである。ただし、陵墓の祭祀は皇帝と同じ格式で行なうことは認める。

［成化十一年十二月］庚子（二十五日）、太常寺　奏すらく、恭仁康定景皇帝の陵寢の舊《もと》の祭は、少牢①を用い、内官（太監）を遣りて行禮す。今、既に尊謚を上《たてまつ》れば、其の祭儀并《なら》びに遣官（派遣する官員）は、長（長陵：永樂帝の陵の名）・獻（獻陵：仁宗洪熙帝の陵の名）諸陵の如くせんことを請う、と。之に従う（『大明憲宗繼天凝道誠明仁敬崇文肅武宏德聖孝純皇帝實錄』巻之一百四十八・「成化十一年十二月庚子（二十五日）」条）。

①『禮記』王制に「天子社稷皆太牢、諸侯社稷皆少牢（天子の社稷は皆な太牢、諸侯の社稷は皆な少牢）」。

（成化十一年十二月庚子（二十五日）に太常寺が以下のように奏上した。その内容は、恭仁康定景皇帝の陵墓のもとの祭祀は、諸侯（王）の社稷の祭祀として少牢（羊・豕）を供え、太監を派遣して儀式を執り行ないました。今、景泰帝に「恭仁康定景皇帝」という謚號が奉られましたので、その祭祀並びに派遣する官員は、永樂帝の陵や仁宗洪熙帝の陵墓のようにすることを願います、というものであった。そして、その提案は、聞き入れられた）

このように憲宗成化帝は、

◎郕王（景泰帝）の帝號を復活させて、「恭仁康定景皇帝」とする。

◎郕王（景泰帝）の陵墓の祭祀を皇帝としての太牢にする。

ということを認めた。ただし、帝號の復活を天下に周知させなかった。

また、景泰帝の帝號を復活させ、陵墓の祭祀は皇帝のものにしたが、あらたに皇帝としての廟號を贈って景泰帝の神主を皇帝の廟（宗廟）に入れることにはまったく言及しない。つまり、皇帝待遇としただけで、相変わらず「郕王」であり、宗廟で祭祀する皇帝であったとは認めなかったのである。ということは、帝號の復活はあくまで皇太子（第三子祐樘：後の孝宗弘治帝）の即位に対する恩寵の一環であるという気持ちの反映だったと考えられる。

談遷（原名は以訓、字は孺木・仲木、号は射父・観若・容膝軒・江左遺民。浙江海寧の人。明・萬暦二十二年（一五九四）～清・順治十四年（一六五七））も『國榷』に、

> ［成化十一年十二月］己亥（二十四日）、上（憲宗成化帝）「恭仁康定景皇帝」と諡す。［しかし］詔を頒せず（『國榷』巻三十七・「憲宗成化十一年十二月己亥（二十四日）」条・二三六一頁：本書では『國榷』は、張宗祥が校點し、中華書局によって一九八八年第二次印刷（一九五八年第一版発行）された活字本を用いる。頁数も本書による）。

と記し、諡を贈ったことを記録した後に、その詔を頒布させなかったことを書き加えている。

そして、王世懋（字は敬美・叔美、号は澹園・澹圃・麟洲・日損齋など。江蘇太倉の人。嘉靖三十八年己未科（一五五九）三甲一百四十七名の進士：王世貞の弟）の『窺天外乘』から次のようなコメントを引用して付記する。

> 王世懋　曰く、景帝（景泰帝）乾坤（国家）を再造（再生）し、終に英廟の子孫に億萬年の祚（福運）を貽《のこ》す。當時、「郕戻王」の諡は、未だ人心に愜《かな》わず。大なるかな憲皇（憲宗成化帝）、景帝（景泰帝）を、元氣を挽回する所多しと追稱（追頌）す。臣（王世懋）以為《おもえ》らく既已に帝たり、改めて「宗」を稱して廟に入れざるは、過ちと為さざるなり。即ち以為らく大事は數《しば》しば更《か》うる可からざればなり。『實錄』の「郕戻王」と書して附顯するが如きは、是れ矛盾なるも、亟かに改む可からざらんや（『國榷』巻三十七・「憲宗成化十一年十二月己亥」条・二三六一頁～二三六二頁）。

（景泰帝は、土木の變で危機に瀕した国家を再生し、英宗の子孫にとこしえの福運（帝位）を遺《のこ》した。当時、郕王（景泰帝）に贈られた「戻」という諡は、人々に違和感をあたえた。立派なことに憲宗成化帝は、国の活力を回復されることが多かった、と郕王（景泰帝）を追頌した。臣（王世懋）が考えるところ、郕王（景泰帝）はいちどは皇帝であったものの、憲宗成化帝のなさったように、郕王（景泰帝）に「宗」を贈らず（廟號を贈らない）、明朝歴代の皇帝を祭祀する宗廟に入れることをお認めにならなかったは、過ちではなかった。それは、重大な決定事項は何度も変更すべきではないからである。だから、英宗『實錄』に郕王（景泰帝）を「郕戻王」として附録するのは、矛盾してはいるが、どうしてすみやかに変更すべきであろうか）

王世懋は、郕王（景泰帝）の帝號復活を決定したものの、廟號を贈らず、また宗廟に入れなかったことは過失ではないとする。重大な決定事項はたびたび変更すべきでないからである。さらに、英宗『實錄』の「郕戻王」を用いた記載も矛盾しているようだがそのままにしておくべきだという。

では、「郕王」に贈られた諡「戻」はどうなったのであろうか。そのままであった。憲宗成化帝は、「帝號・尊號を復活し、その陵墓の手直しする」ように命じただけである。つまり、憲宗成化帝は、英宗が取り決めた諡の「戻」はそのままにしておき（「郕王」という立場には変更を加えず）、「皇帝」と名乗ることを認め、その「皇帝」としての帝號・尊號を取り決めたのである。

憲宗成化帝は、英宗が郕王に贈った諡の「戻」字を変更したわけではない、皇帝であったことを認めて、「郕王」に対して新たに皇帝としての帝號・尊號を贈っただけである。しかも、このことは天下に告示されなかった。さらに、廟號はなく、つまり明朝歴代皇帝の廟（宗廟）に入れて祭祀せず、太祖洪武帝以外の明朝の皇帝に贈られる慣例の十六字の尊号は四字の「恭仁康定」に限定され、諡號を含めて「恭仁康定景皇帝」ということにした。なお、南明政権の崇禎十七年（順治元年）七月三日になって、「代宗」という廟號が贈られる。清朝になると、廟號は認められず憲宗成化帝の取り決めた「景帝」という称号が用いられる。

この決定について、臣下はどう反応したのであろうか。たとえば、商輅は次のように喜んだ、と門人の王獻（字は惟臣、号は退菴。浙江錢塘（仁和）の人。景泰二年辛未科〔一四五一〕二甲三十六名の進士）の「行實」にいう。

乙未（成化十一年：一四七五年）夏四月、［商輅は］命ぜられて文淵閣大學士を兼ぬ。冬十一月、詔もて景皇帝の號を復す。初めて群臣に下して議せしむ。太監の懷恩等を遣りて内閣に至り、公（商輅）等に問わしむ。公（商輅）力めて當に復すべき所以の故を陳ぶ。言　甚だ剴切（切實・懇切）たり。左右　皆な泣き、公（商輅）も亦た泣く。上（憲宗成化帝）聞き之が爲《ため》に感動す。疏　入り、遂に其の請を允《ゆる》す。公（商輅）手を擧げて額に加えて曰く、皇上（憲宗成化帝）の此の舉は、堯・舜の聖德なり、と（「榮祿大夫少保吏部尚書兼謹身殿大學士贈特進光祿大夫太傅謚文毅商公行實」）[1]。

（成化十一年四月、商輅は命ぜられて文淵閣大學士を兼ねた。十一月に景泰帝の帝號を復活するようにと詔が下された。そもそも、憲宗成化帝は、この景泰帝の帝號について、臣下に議論して提案させようとした。そこで、宦官の懷恩などを内閣に派遣して、商輅などに下問された。商輅はつとめて復活させるべき理由を述べた。その発言は切実であった。周りのものたちは泣き、商輅も泣いた。憲宗成化帝はこれを聞き、感動した。提案がなされ、認められた。商輅は額に手をあてて、皇上（憲宗成化帝）のこの行ないは、堯・舜の聖德のようであると言った）

これによると、商輅たちの提案が認められて、帝號が復活したかのように理解できるかもしれない。

しかし、この提案は、憲宗成化帝自身から唐突に命令が出されたものである。唐突な帝號復活の理由付けを「もともと英宗が望んでいた」というように苦心してひねり出したかもしれない商輅であるので（『萬曆野獲編』巻三・宮闈・「景帝廢后」条による）、事前に内示を受け、憲宗成化帝の提案の内容作成にかかわったことは考えられるが、商輅が切実な意見を述べ、憲宗成化帝がそれに感動して、帝號復活が行なわれていったとは理解しにくい。

また、内密の議論であったためなのか、いま目睹できる商輅の文集には、商輅が帝號復活について述べた切実な意見らしきものは見当たらないし、管見の及ぶ限りでは、憲宗『實錄』にもそれらしき記録は見当たらない。

さらに、本章で検討してきたように、憲宗成化帝はもともと景泰帝の廟號の復活（明朝歴代皇帝の廟（宗廟）に入れて祭祀する）は認めるつもりはなかった。まして、父の英宗が「郕王」に贈った謚の「戾」を変更する気持ちは持ち合わせていなかった。ただ、最初に皇太子に冊立した第二子が早世したことから、第三子（後の孝宗弘治帝）を皇太子に冊立するにあたって、その無事の成長を願って、限定的な意味で景泰帝の帝號を復活するよう命じただけであった。ただ、どうしても理由が必要なので、父の英宗が、景泰帝の帝號復活を考えていたとするのである。

このように、帝號を復活させる（皇帝と呼ぶことを認めた）ことにより、父の英宗が「郕王」に贈った謚の「戾」を変更することなく、皇帝としての謚號を贈ることが可能になる。父の英宗にたいする「孝」を保ちつつ、皇太子のすこやかな生育を祈願できる。

その上、第三章で検討するが、皇帝に贈られる十六字の尊號を四字の「恭仁康定」に限定し、さらには帝號の復活の詔を公布させなかった。これは、やはり憲宗成化帝の景泰帝に対する感情があらわれているといえるのではないだろうか。

ちなみに、憲宗『實錄』によると、憲宗成化帝は、天順元年に、「見深」から「見濡」に改名している。憲宗成化帝（この時かぞえで十一歳であった）が皇太子に再度立てられた時（天順元年三月六日冊立）のことである。

天順丁丑（元年）、英宗睿皇帝　衆の擁戴する所と為《な》りて復辟し、景泰帝を廢して仍お郕王と為《な》し、上（憲宗成化帝）を復立して皇太子と為《な》す。上（憲宗成化帝）初名は「見深」なり。是《ここ》に至り名を「見濡」に更《あらた》む。詔書に其の故を寫《か》くを失《わす》れ、天下に頒行す。人皆な驚きて相い問いて曰く、「此れ向《さき》に立つ所の太子に非ざるか。何ぞ名の同じからざるや」と。盖し上（憲宗成化帝）天下の人心の歸向（人々が心を寄せる）と為ること久しければなり……（『大明憲宗繼天凝道誠明仁敬崇文肅武宏德聖孝純皇帝實錄』巻之一・「巻首」）。

（天順丁丑（元年）、英宗は人々の推戴するところとなって帝位に返り咲いた。そして、景泰帝を廢してもとの郕王とし、上（憲宗成化帝）をふたたび皇太子にたてた。上（憲宗成化帝）の初名は「見深」であったが、ここにいたって名を「見濡」に改めた。詔書に改名のことを書かず、天下に頒行したため、人々は皆な驚いて、「これは最初に立たれた皇太子さまではないのだろうか。どうしてお名前が違うのか」と問い合ったという。このように心配したのは、おそらく、それほど上（憲宗成化帝）に対して、天下の人々が心を寄せていたためであろう）

この「深」から「濡」への変更は、どのような意味が込められていたのであろうか。なお、一字目の「見」と二字目に氵偏を用いることがこの排行に共通するものであったようだ。

この出據については、憲宗『實錄』に言及されていないので、はっきりしないが、『周易』未濟卦に基づいたのではないかと推測できる。

その『周易』未濟卦・卦辭と彖辭には、次のようにある。

未濟、亨。小狐汔濟、濡其尾、无攸利（未濟、亨《とお》る。小狐　汔《ほと》んど濟《わた》る。其の尾を濡《ぬ》らす。利する攸《ところ》なし）。

彖曰。未濟、亨。柔得中也。小狐汔濟。未出中也。濡其尾。无攸利。不續終也。雖不當位。剛柔應也（彖に曰く、「未濟、亨《とお》る」とは、柔　中を得ればなり。「小狐　汔《ほと》んど濟《わた》る」とは、未だ中を出でざればなり。「其の尾を濡《ぬ》らす。利する攸《ところ》なし」とは、續《つづ》いて終えざればなり。位に當らずと雖も、剛柔　應ずるなり）。

小狐が川を「濟《わた》」ろうとしたものの、尾を「濡《ぬ》」らしたためにわたりきることができなかった、という意味であろう。『周易』の解釈は様々であり、理解しにくいのであるが、字面だけをみていくと、「濟」が「濡」のために目的を遂げられなかったと理解できる。つまり、この『周易』未濟卦を踏まえて、景泰帝が立てた皇太子「見濟」は、英宗の立てた皇太子「見濡（もともとは見深）」がいたために皇太子の地位を全うできなかったと示そうとしている、と考えられないだろうか。(2)

そう考えることができれば、「見深」から「見濡」への改名は、英宗の景泰帝への意趣返しの意味を見て取ってもかまわないのではないか。

注

（1）景泰帝の帝號復活に商輅が賛成したということは、門人の王獻の「榮祿大夫少保吏部尙書兼謹身殿大學士贈特進光祿大夫太傅諡文毅商公行實」と楊子器（浙江慈谿の人。成化二十三年丁未科（一四八七）三甲一百五十二名の進士）の「商文毅公傳」（成化十一年の箇所）と後に編纂された『商文毅公年譜』（萬曆四十六年（一六一八）序）に見えるだけである。

楊子器の「商文毅公傳」は正德三年（一五〇八）に書かれているので、王獻の「行實」を参照にした可能性もある。後に編纂された『商文毅公年譜』には、「成化十年《ママ》」のこととして「成化十年甲午《ママ》、公年六十一歳」条に記されている。

なお、憲宗『實錄』（『大明憲宗繼天凝道誠明仁敬崇文肅武宏德聖孝純皇帝實錄』巻之二百八十・「［成化二十二年秋七月辛酉（十八日）］致仕少保吏部尚書兼謹身殿大學士商輅卒」条）に附された商輅の小傳にはこのことは記されていない。また、尹直（江西泰和の人。景泰五年甲戌科（一四五四）二甲九十四名の進士）の「明故少保吏部尙書兼謹身殿大學士贈特進光祿大夫太傅諡文毅商公墓誌銘」と姚遷の「大明故少保吏部尙書兼謹身殿大學士贈特進光祿大夫太傅諡文毅商公神道碑銘」にも見えない。

ただ、鄭曉（字は窒甫。浙江海鹽の人。弘治十二年（一四九九）～嘉靖四十五年（一五六六）。嘉靖二年癸未科（一五二三）二甲四十三名の進士）の『吾學編』には、「行實」などを参考にしたからなのかはっきりできないが、商輅が郕王の帝號復活に係わったと記す。

……［商輅は、成化］十一年、文淵閣大學士を兼ぬ。上（憲宗成化帝）嘗て召見し、従容として議 郕王の監國の時の事に及ぶ。公（商輅）言う「景泰［帝は］、社稷に功有り。當に帝號を復すべし」と。左右の聞く者 皆な泣く。上（憲宗成化帝）も亦た泣く。遂に詔を下して尊諡を上つる……（萬曆二十七年鄭心材刻本『吾學編』第三十六・皇明名臣記・第十五巻・七葉・「太傅商文毅公」条）。

そして、清朝に編纂された『明史稿』・『明史』には、商輅の意見に従って、決定が行なわれたかのように記されるようになる。

……帝（憲宗成化帝）將に郕王の位號を復せんとし、廷議に下す。［商］輅［郕］王は社稷に功有り。位號は當に復すべし」と極言す。帝（憲宗成化帝）の意 遂に決す……（『明史藁』列傳第五十九・「商輅」条・十七葉：『明史』巻一百七十六・列傳第六十四・「商輅」条・十七葉～十八葉も同じ）。

（2） 景泰帝の太子の見濟の年齢は、陳懿典（字は孟常、号は如岡。浙江秀水の人。嘉靖三十三年（一五五四）～崇禎十一年（一六三八））。萬暦二十年壬辰科（一五九二）二甲十名の進士）の『陳學士先生初集』巻之十・正史七太子傳有序・「懷文太子見濟」条に「正統十年七月に生まる」とある。

懷獻太子見濟は、景帝（景泰帝）の長子なり。母は皇后杭氏、正統十年七月に生まる……（『陳學士先生初集』巻之十・正史七太子傳有序・「懷文太子見濟」条・十葉）。

すると、景泰帝の太子の見濟は、正統十年（一四四五）に生まれ、景泰四年（一四五三）十一月十九日に数え年九歳で亡くなったことになる。

また、英宗の長子の見深（後の憲宗成化帝）は、正統十二年（一四四七）十一月二日生まれなので、景泰帝の太子の見濟が亡くなった景泰四年（一四五三）十一月十九日の段階では、数え年で七歳となる。

ただし、『弇山堂別集』に、

懷獻太子見濟は、景帝（景泰帝）の長子なり。母は皇后杭氏と曰う。正統十□（一字欠）年七月初二日に生まる。景泰三年四月乙酉、冊立され皇太子と爲る。天下に大赦し、中外に賞賚す。四年二月《マ》己《マ》亥①（十二日）薨ず。追謚す。天順元年に「世子」と稱さる（『弇山堂別集』巻三十一・帝系・「東宮紀」条）。

①『實錄』も『明史』と同じく、景泰四年十一月十九日に亡くなったとするので、王世貞の記述に混乱があるのかもしれない。なお、ここで正統王朝の皇太子の亡くなった場合の書法である「薨」字が用いられているので（『通鑑綱目』凡例による）、王世貞は皇太子を正統な皇太子であったと考えている。

とあり、一字空格となっている。この一字空格を考慮すると、景泰帝の太子の見濟は、正統十一年（一四四六）～正統十四年（一四四九）の間に生まれたことになる（正統は十四年まで）。亡くなった時の年齢は、かぞえで五歳から八歳までの間である。ということは、英宗の長子の見深（後の憲宗成化帝）とどちらが年上かははっきりしないことになる。

しかし、景泰三年五月甲午（二日）にだされた皇太子と皇后の変更の詔のなかで、景泰帝が、「朕（景泰帝）が長子（見濟）の序（順序）は倫先（順序としては先）に在り。宜しく東宮を正し、以て繼體（繼位）の事を明らかにすべし（朕長子序在倫先。宜正東宮、以明繼體事)」(『大明英宗法天立道仁明誠敬昭文憲武至德廣孝睿皇帝實錄』巻二百十六・廢帝郕戾王附錄第三十四・「景泰三年五月甲午(二日)」条)」と述べていることからすると、やはり景泰帝の長子の見濟は、やはり英宗の長子の見深(後の憲宗成化帝)よりも年上であったと考えられる。

なお、景泰帝の長子の見濟は、景泰四年十一月辛未(十九日)にかぞえの九歳で亡くなると、「懷獻」という謚が贈られている。

皇太子見濟　薨ず。「懷獻」と謚す(『大明英宗法天立道仁明誠敬昭文憲武至德廣孝睿皇帝實錄』巻之二百三十五・廢帝郕戾王附錄第五十三・「景泰四年十一月辛未(十九日)」条)。

では、この「懷獻」の謚号はどのような意味を持っていたのであろうか。まず「懷」字については、『史記』正義に引く「謚法解」では、「義を執りて善を揚ぐるを懷と曰う」(朱右曾の『逸周書集訓校釋』巻六・謚法弟《ママ》五十四・「執義揚善曰懷・慈仁短折曰懷」条に、「揚は、稱なり」と注がある。この注によると「義を執りて善を揚《となえ》るを懷と曰う」となる)の意味とともに、「慈仁(仁愛)なるも短折するを懷と曰う」とある。陳逢衡は、『逸周書補注』で、次のように補注をつけている。

義を執りて善を揚《となえ》るを懷と曰う。『獨斷』同じ。『史記正義』に「懷」を「德」に作る。『通鑑』漢紀注に引きて「執義行善曰德」に作る。

孔[晁]注:人の善を稱す。

補注:春秋の時、晉に懷公圉・陳に懷公柳有り。『爾雅』釋詁[下]に「懷は、止なり」と。義に止まる故に「義を執る」なり。『詩』周頌[時邁]の「懷柔百神」条の毛傳・集傳の注に「懷は來」なり、と。能く衆善を來らす、故に「善を揚《となえ》る」。

慈仁(仁愛)なるも短折(夭折)するを懷と曰う。『後漢書』の「章德竇皇后」の謚は恭懷とするに注して謚法の「慈仁(仁愛)折(哲)行を懷と曰う」を引く。

孔[晁]注:短は、未だ六十ならず。折は、未だ三十ならず。注に訛有り。説は「短折不成曰殤」の下に見ゆ①。

補注:其の德　人に在るも、大年の享無し。故に黎民　之を懷く(『逸周書補注』巻十四・二十九葉・「執義揚善曰懷」/「慈仁短折曰懷」条)。

①晉の孔晁の「短は、未だ六十ならず。折は、未だ三十ならず」という注に対して、陳逢衡は次のように批判する。

補注:晉の穆侯殤叔・宋公與夷　意びに「殤」と謚す。『儀禮』喪服傳に「年十六より十九に至りて死するを長殤と爲し、十二より十五に至るまでを中殤と爲し、八歳より十一に至りて死するを下殤と爲し、七歳より以下は無服の殤と爲し、生まれて未だ三月ならざるは殤を爲さず」と。『釋名』釋喪制に「未だ二十ならずして死するを殤と曰う。殤は傷なり。哀傷す可きなり」と。[陳逢]衡　[以下のように]案ず。前に「慈仁なるも短折するを懷と曰う」の孔注に「短は、未だ六十ならず。折は、未だ三十ならず」と。當に此の處の「六十」は當に「十六」に作るべし、「三十」は「十三」に作るべし。蓋し「長殤」「中殤」を謂うなり。若し年　未だ六十ならざれば、下壽を去ること遠からず。焉くんぞ短なるを得んや。「洪範」に六つの極《わざわい》、一に曰く凶・短・折（鄭玄は三つとも若死にの名称とする）」と。「短」は上殤と爲し、「折」は下殤と爲す（『逸周書補注』巻十四・三十六葉・「短折不成曰殤」条の補注）。

「短」が六十歳未満、「折」が三十歳未満では長すぎ、『儀禮』や『釋名』などの用例から考えると、文字をひっくりかえして十六歳・十三歳にするのがよい、というのである。

陳逢衡によれば、「義に止まり、多くの善をもたらす」・「徳を有しているものの若死にしてしまう」という意味となる。

蘇洵の「謚法」には、

慈行なるも短折するを懷と曰う。

位を失いて死するを懷と曰う。

新たに改む。古に晉の懷公圉・欒懷子盈・楚懷王は、皆な國を失いて其の民　之を悲しむを以ての故に謚して「懷」と曰う。未だ能く［未］來を懷うを以て謚して「懷」と曰う者有らざれば、則ち人の懷うを以て謚して懷と為すの思いを主として懷なり（「謚法」巻四・「懷二」条）。

という。「謚法解」・『逸周書』の「義を執りて善を揚るを懷と曰う」を、「位を失いて死するを懷と曰う」に改めている。蘇洵の「謚法」によると、「徳を有しているものの夭折する」ことや「位を失って亡くなる」ことを「懷」の意味としている。また、『通志』謚略では、「懷」字を、「中謚法」の十四字の中の一字に分類し、それらの文字を、悲しむべきことや、後が無い者に用いる文字であるとする。

右、十四の謚は、之を閔傷に用う・之を後無き者に用う（『通志』巻四十六・謚略第一・謚中）。

すると、「懷」字には「義に止まり、多くの善をもたらす」という意味を持ちつつ、「寿命を全うしない」の意味をもった文字となる。

さらに、「謚法解」には「懷は、思なり」とあり、『逸周書補注』によれば、これは「義を執りて善を揚《となえ》るを懷と曰う」・「慈仁なるも短折するを懷と曰う」の意味を解釈しているという。

懷は、思なり。

補注：『爾雅』釋詁［下］に「懐は、思なり」と。此れ「義を執りて善を揚ぐるを懐と曰う」・「慈仁なるも短折するを懐と曰う」の義を釋するなり（『逸周書補注』巻十四・五十九葉）。

では、「獻」はどうだろうか。「獻」字については、『史記』正義に引く「謚法解」では、

聰明叡哲なるを獻と曰う（聰明叡哲曰獻）通知の聽有り（有通知之聽）

知質《うまれつき》にして聖有るを獻と曰う（知質有聖曰獻）通ずる所有りて蔽うこと無き（有所通而無蔽）

とある。

『逸周書』謚法解では、

聰明叡哲なるを獻と曰う（聰明叡哲曰獻）通知の聽有り（有通知之聽）

とあるのみである。

陳逢衡は、『逸周書補注』で、次のように補注をつける。

聰明叡哲なるを獻と曰う（聰明叡哲曰獻）。『後漢書』孝獻皇帝に引くも同じ。『爾雅』釋言の郭注に「叡哲」を「睿智」に作る。『獨斷』同じ。『後漢書』桓帝懿獻梁皇后の注に引きて「哲」を「智」に作る。

孔［晁］注：通知の聽有り。

補注：魯の獻公具「獻」と謚す。『漢書』景十三王傳に、「河間王德 立、二十六年にして薨ず。中尉の常麗 以て聞するに、曰く、王は身 端《なお》く、行ないは治まり、温仁恭儉にして、篤《あつ》く敬い下を愛し、明知にして深く察し、鰥寡《やもおやもめ》を恵す、と。大行今（令）「謚法に曰く「聰明叡哲なるを獻と曰う（聰明叡哲曰獻）」と。宜しく謚して「獻王」と曰うべし」、と奏す」と。師古 曰く、獻は深なり、通なり、と（『逸周書補注』巻十四・十五葉・「聰明叡哲曰獻」条）。

また、朱右曾（字は尊魯・述之・亮甫、号は咀露。江蘇嘉定の人。道光十八年戊戌科（一八三八）二甲七十九名の進士）の『逸周書集訓校釋』巻六・謚法弟《ママ》五十四・「聰明叡哲曰獻・知質有聖曰獻」条では、『史記』正義に引く「謚法解」によって、「知質有聖曰獻」条を補っている。

「聰明叡哲」とは、視・聽・思の德を具う。孔［晁］曰く、「知質有聖」は「通ずる所有りて蔽うこと無き」なり、と。「知質」句は、舊《も》と脱す。「史記正義」に據りて補す（『逸周書集訓校釋』巻六・謚法弟《ママ》五十四・「聰明叡哲曰獻・知質有聖曰獻」条）。

こうした注釈からすると、「聰明叡哲曰獻」・「知質有聖曰獻」は、「聡明で明断」・「知性が生まれつきですべてを理解している」などの意味があるとする。

蘇洵の「謚法」では、次のようにいう。

　獻二

聰明睿智なるを獻と曰う（聰明睿智曰獻）

　獻は賢なり。

德に嚮いて德を内とするを獻と曰う（嚮德内德曰獻）

　今文尚書に云爾《しかいう》。注家　皆な云う、嚮とは惠なり、德とは元なり、と。其の義　當に通ずべからず。『書』を以て信と為す。劉熙　以て「獻とは軒軒然として物の上に在るの稱なり」と爲す。内は亦た嚮なり。人　能く日々德に嚮う。惠は則ち衆の推仰する所と為り。軒軒然として物の上に在り（「謚法」卷一・「獻二」条）。

蘇洵は、「獻」には、「聰明で明断」である、「日々德に向きあい德を会得する」などの意味があるとするのである。

王世貞は、この皇太子見濟の謚の「懷獻」について、

　懷獻

　太子皇太子見濟。景泰。

右、慈仁短折、聰明睿智①（右、慈仁なるも短折、聰明にして睿智なり）（『弇山堂別集』卷七十四・謚法五）。

①『易』繋辭傳上に「古之聰明叡知、神武而不殺者乎（古の聰明睿知　神武にして殺さざる者か）」。また、『中庸』第三十一章第一節に「唯天下之至聖、爲能聰明睿知、足以有臨也（唯だ天下の至聖のみ、能く聰明睿知にして、以て臨む有るに足ると爲すなり）」。

という。つまり「慈善仁愛の持ち主で若くして亡くなる」、「聰明で睿智の持ち主」という意味を持っていたとする。

また、管見の及ぶところ「懷獻」と謚されたのは、五代十国の南唐の後主の李煜の第二子の李仲宣に贈られたものがある。

是月（乾德二年〔九六四〕十月①）、唐の宣城公仲宣　卒す。岐王に封ぜられ、「懷獻」と謚す。仲宣　早に慧にして、昭惠后周氏　甚だ之を愛す。傷悲するに因りて疾を得。［乾德二年・九六四年］十一月、昭惠后［周氏］　殂す（『續資治通鑑長編』卷五・太祖・乾德二年・「冬十月」条）。

①宋・徐鉉の『騎省集』卷十七・「岐王墓誌銘」によれば、十月二日に亡くなったという。

宋・馬令の『馬氏南唐書』によれば、李仲宣は四歳で亡くなっている。

　宣城公の仲宣、後主の子なり。小字は瑞保なり……乾德二年〔九六四〕卒す。年四歳なり。始め宣城公に封ぜられる。［そして］

岐王と追贈され、「懷獻」謚さる（『馬氏南唐書』巻七・宗室傳第二）。

また、景泰帝の皇太子に贈られたものより後になるが、生まれて五日で亡くなった獻帝（世宗嘉靖帝の父）の長子の厚熙も「懷獻」と謚されている。

獻帝に長子厚熙有り。生まれて五日にして殤（わかじに）す。嘉靖四年、岳王を贈られ、「懷獻」と謚さる（『明史』巻一百十五・列傳第三・「睿宗獻皇帝」条・七葉）。

このように、意味や用例からすると、「懷獻」というのは、仁愛で聡明であったものの若くして亡くなったということを示す謚号であったと考えられる。

第三章　景泰帝の諡号「景」

憲宗成化帝は、諡号として「景」字を景泰帝に贈る。これは、漢の景帝[1]に贈られたのと同じ諡号である。漢の景帝は、『漢書』に、

……周は成［王］・康［王］と云い①、漢は文［帝］・景［帝］と言う。美《うるわ》しきかな（『漢書』景帝紀・論賛）。

①『史記』周本紀に「成［王］・康［王］、天下安寧にして、刑錯（捨て置く）され四十餘年用いられず」。

とあり、父の漢の文帝とともに、周の成王・康王とならぶ皇帝であったと称される。憲宗成化帝は、この漢の景帝の諡号の「景」字を景泰帝に贈ったのである。

ここからすると、景泰帝を褒めたたえて「景」字が贈られたかのように見える。しかし、景泰帝によって一度は皇太子の地位を追われた憲宗成化帝の気持ちを推し量ると、景泰帝を称賛して「景」という諡号を贈ったようには考えられない。

そこで本章では、憲宗成化帝はどのような意味を込めて景泰帝に「景」という諡を贈ったかについて検討を行ないたい。

注

（１）もともと漢代の皇帝の諡には、惠帝以下に尊号として「孝」字が附せられていた。『漢書』惠帝紀の「孝惠皇帝、高祖太子也」条に顔師古は、

［顔］師古　曰く、孝子　善く父の志を述ぶ（『穀梁傳』隱公元年に「孝子揚父之美（孝子　父の美を揚《あ》ぐ）」）。故に漢家の諡は、惠帝以下　皆な「孝」と稱するなり（『漢書』惠帝紀・「孝惠皇帝、高祖太子也」条）。

と注している。「孝子」であり父の志を遂げたから、諡の上に「孝」をつけるというのである。

また、袁宏（字は彦伯。晉・咸和三年〔三二八〕〜太元元年〔三七六〕）の『後漢紀』は、次のような後漢の荀爽（字は慈明。潁川潁陰（今の河南許昌）の人。後漢・永建三年〔一二八〕〜建寧二年〔一六九〕）の対策を引用する。

［永興元年〔一五三〕六月甲寅］潁川の荀爽の對策に曰く、「臣　聞く火は木に生ず。故に其の德は孝なり。漢の帝に諡して「孝」と稱するは、其の義　此れに取るなり（『後漢紀』後漢孝桓皇帝紀下卷・第二十二）。

後漢の荀爽によれば、漢は火德の王朝であり、その德目は「孝」であるので、漢の歴代の皇帝の諡の最初に「孝」字をつけるのであるという。

（1）恭仁康定景皇帝

明朝における諡號の十七字について、王弘撰（字は無異、又の字は文修、號は山史、又の號は待庵。陝西華陰の人。明・天啓二年〔一六二二〕〜清・康熙四十一年〔一七〇二〕）は、

帝王の諡有るや、古は或いは一字を用い、或いは二字を用う。今の制は、帝の諡は一字なり、而して上に更に十六字を用う……（『山志』初集巻四・「諡法」条）。

という。

さらに、査繼佐（字は伊璜、號は東山。浙江海寧の人。明・萬曆二十九年〔一六〇一〕〜清・康熙十六年〔一六七七〕）の『罪惟錄』は、

初め定制、皇帝の崩じ、諡を工《かんが》うるに、率ね十六字、摠ぶるに一字を以てす。皇后は十二字を用い、帝の諡の統ぶるに一字を以てするに従う。後、嘉靖中に改めて高皇帝に二十一字・皇后に十五字を加う（『罪惟録』巻之七・志・諡典）。

という。

つまり、明朝において、太祖洪武帝を除いて、皇帝に贈られた十七字の諡號のうち、最後の一字が十六字を統べる本来の諡となり、そのうえの十六字は、増加された諡（尊號）ということになる。

したがって、この一字の本来の諡を含めると、『明史』でいう十七字となる。

凡そ諡は、帝十七字、后十三字、妃・太子・太子妃並びに二字、親王一字、郡王二字、字［数］を以て差（等級）を爲す（『明史』巻七十二・志第四十八・職官一・十九葉）。

ところが、景泰帝には、全体を統べる諡號として「景」字が贈られたものの、尊號は十六字ではなく、「恭仁康定」の四字のみであった。

では、この尊號や諡號はどのような意味を持ったものであったのだろうか。

①「恭仁」・「康定」

浅学の私の調べた限りではあるが、「恭仁」の用例として、蔡邕「郭有道碑文」（『文選』巻五十八所収）に、

先生誕應天衷、聰睿明哲、孝友温恭、仁篤慈惠……（先生（郭有道：郭泰）誕《おおい》に天衷に應じ、聰睿にして明哲、孝友にして温恭、仁篤にして慈惠なり：先生は誠に天意に沿って、聰明で智慧があり、父母に孝で兄弟に優しく、温和で人にへりくだり、誠実で慈愛にあふれていた）。

とある。ただ、これは「孝友温恭、仁篤慈惠」の二句にわたっているので、これに基づいたかは、断定できない。

また、「仁」が「人」に通じているとすると、『詩經』大雅・抑と『詩經』小雅・小宛に、

溫溫恭人、惟德之基（『詩經』大雅・抑）。

（溫溫たる恭人は、惟れ德の基《もとい》：温和で恭敬の人は徳を行なう基となることができる）

溫溫恭人、如集于木（『詩經』小雅・小宛）。

（溫溫たる恭人は、木に集《い》るが如し：温和で恭敬の人は、木に止まり落ちるのを恐れるように［禍を免れようと］する）。


とある。『詩經』では、「恭敬の人」の意味で用いられている。

しかし、憲宗成化帝の景泰帝への否定的な感情を考えれば、きわめて異例ではあるが、謚法に、

恭仁短折曰哀（恭仁短折を「哀」と曰う）
孔［晁］注：恭を體し仁に質《もとづ》くも、功　未だ施さざるなり[1]。

とあるのに基づいたのか、または強いて意識させようとしたのかもしれない。そうすると、「恭仁」は、謚号の「哀」と関わりがあり、孔晁の注によると「恭を體し仁に質《もとづ》く（恭を体現して仁にもとづく）」の意味となる。

「康定」も、何に基づいたのかよくわからないが、秦の始皇帝が「嶧《えき》山」（今の山東鄒縣の東南）に行き、秦の徳を頌した「嶧《えき》山刻石」[2]に、

……廼《すなわ》ち今の皇帝、天下を一家とし、兵　復た起こらず、災害　滅除（滅し除く）され、黔首　康定（人々はやすらかで安定している）し、利澤（利益や恩澤）長久たり……。


とある。

また、この「康定」は、北宋の仁宗の時の年号に用いられている。ただし、歐陽脩（字は永叔、謚は文忠。吉州廬陵の人。宋・景德四年〔一〇〇七〕～熙寧五年〔一〇七二〕。天聖八年〔一〇三〇〕の進士）は、『歸田錄』で、この

年号は、言いがかりをつけたがる者によって「謚なるのみ」とされたと伝える。(3)

事を好む者① 又た曰く、「康定」は乃ち謚なるのみ、と曰《い》う（『歸田錄』巻上：孝思堂藏板・乾隆丙寅重梓『廬陵歐陽文忠公全集』巻一百二十六・集一百二十六・歸田錄巻第一・七葉）。

①好事者：言葉を捏造して問題を起こるのを喜ぶ者。『孟子』萬章上「萬章問曰、謂孔子於衛主癰疽、於齊主侍人瘠環、有諸乎」。孟子曰「否、不然也、好事者爲之也……」（萬章 問いて曰く、「孔子 衛に於いては癰疽《ようしょ》を主とし（腫れ物医者の家に身を寄せる）、齊に於いては侍人瘠環《じじんせきかん》を主とす（宦官の瘠環《せきかん》の家に身を寄せる）、と。諸《こ》れ有りや」と。孟子 曰く、「否《いな》、然らざるなり。事を好む者 之を爲すなり）」とあり、朱子（朱熹）の集注に「好事、謂喜造言生事之人也（事を好むとは、言を造りて事を生ずるを喜ぶの人を謂うなり）」。

さらに、南宋末・元初の王應麟（字は伯厚、号は深寧。慶元の人。宋・嘉定十六年（一二二三）～元・元貞二年（一二九六））も『玉海』で、「康定」と「靖康」とは、謚法のようであると述べる。

「康定」と「靖康」は、或ひと謂う、其れ謚法の如し、と（『玉海』巻一・巻十三・律暦・改元・「總論改元」条）。

王世貞は、『弇山堂別集』で、明朝において「康定」という謚號を贈られた郡王を列挙し、謚としての「康定」を次のように解説する。

康定

郡王 秦府永壽王公鋌。成化

右、「令民安樂、純行不爽（民をして安樂せしめ、純行（純正な品德）爽《たが》わず（守るべきところを間違えない）」。

趙府洛川王祐架・周府益陽王睦𣗼・代府廣陵王俊槻・晉府義寧王新墹 倶に嘉靖なり

右、倶に「温良好樂、純行不爽（温良（溫和善良）好樂（樂しみを好む）にして、純行 爽《たが》わず）」（『弇山堂別集』巻七十三・謚法四・二字謚・「康定」条）。

王世貞は、「康定」を、

「人々を平穏無事とし、純正な品徳を守り通す」、
「温和善良で樂しみを好み、純正な品徳を守り通す」、
と解釈する。何もコメントがないので、王世貞は、「康定」を諡としては、特に不都合な語句ではないと理解しているようである。

このように、「恭仁」は、諡法の「恭仁短折曰哀（恭仁短折を「哀」と曰う）」を意識させる語句の可能性があった。また、「康定」は否定的な意味を持つものでないものの、宋代に年号として用いられた時には、「諡號」のようであると難癖をつけられたという背景を持つ語句であった。

注

（1）「諡法解」には、

恭仁短折曰哀［孔晁注：恭を體し仁に質《もとづ》くも、功　未だ施さざるなり］

とある。陳逢衡の『逸周書補注』は、次のような注釈を加える。

恭仁短折曰哀（恭仁短折を「哀」と曰う）

［割注］『漢書』孝哀皇帝の注①・『左傳』哀公の釋文②・『穀梁』哀公の疏③・『論語』の「哀公問曰」の疏④に引きて並びに同じ。『獨斷』は「仁」を「人」に作る。

①『漢書』巻十一・哀帝紀第十一・「孝哀皇帝」条の顔師固注に「應劭曰、恭仁短折曰哀」。
②『左傳注疏』巻第五十七・哀公元年・「哀公」条に引く釋文。
③『春秋穀梁注疏』巻第二十・哀公元年・「哀公」条の疏。
④『論語注疏』巻二・爲政・「哀公問曰何為則民服」条の疏。

孔［晁］注：恭を體し仁に質《もとづ》くも、功　未だ施さざるなり（『逸周書補注』巻十四・三十九葉・「恭仁短折曰哀」条）。

また、潘振『周書解義』は、次のような注釈をつける。

恭を體して其の容有り、仁に質《もとづ》きて其の徳有り、而《しか》れども其の壽無し。是れ哀れむ可きなり（『周書解義』巻六・諡法解弟五十

四・五十六葉・「恭仁短折曰哀」条）。

（2）清・李鍇（字は鐵君また眉山・廌青など。漢軍正黄旗人。奉天鐵嶺の人。康熙二十五年〔一六八六〕～乾隆二十年〔一七五五〕）の『尙史』に、この嶧《えき》山刻石碑文を掲載する。

其の辭に［以下のように］曰く。皇帝　國に立つに、維初の在昔《むかし》、嗣世（帝位を継承する）して王（秦王）と稱す。亂逆（叛逆）を討伐し、威　四極（四方極遠の地）を動かす（ゆるがせ行き渡らせる）。武義（武事）直方（公正）にして、戎臣（武臣）詔を奉く。世を經《おさ》めること久しからずして、六つの暴强（凶暴強横）を滅す。［始皇帝］二十六年、上（秦始皇帝）高號（尊號）を薦め、孝道　顯明なり。既に泰成を獻じ、乃ち専惠を降す。親《みず》から遠方を巡し、嶧山に登る。羣臣の従う者　咸な攸長を思う。亂世を追念するに、土を分かちて邦を建て、以て爭理（争いの発端）を開き、攻戰日々作り、血　野に流る。泰古（上古）より始まり、世々無萬數（きわめて多い）にして、陁《くずれ》て五帝に及ぶも、能く禁止する莫し。廼ち今の皇帝（始皇帝）、天下を一家とし、兵　復た起こらず、災害　滅除（滅し除く）され、黔首　康定し、利澤（利益や恩澤）長久たり。羣臣　署（法度）を誦（暗唱）し、此の樂石を刻し、以て經紀（経緯）を著わす（『尙史』秦本紀附・「始皇帝」条・六葉：乾隆十年〔一七四五〕自序・乾隆三十八年〔一七七三〕悅道樓刻本）。

そして、李鍇はこの「嶧《えき》山刻石」について、次のようなコメントを附している。

史（『史記』）諸々の銘を録するも獨り此の篇を遺《のこ》す。其の文　稍々諸辭に遜《おと》る。或いは子長（司馬遷）故《こと》さらに之を削るか。或いは後の贋作なるか。［しかし］今、『尙史』秦本］紀に補入す（『尙史』秦本紀附・「始皇帝」条・六葉）。

『史記』には、秦の始皇帝のそれぞれ銘文が掲載されているのに、この銘文だけが載せられていない。この銘文は文章がやや劣っている。司馬遷が意図的に削除したのだろうか、または後世の贋作なのだろうか、という。

（3）歐陽脩は、『歸田錄』において、仁宗の時の「康定」を含めたそれぞれの年号について、次のように述べる。

仁宗　卽位して「天聖」と改元す。時に章獻明肅太后　臨朝稱制（皇帝の職務を代行する）す。議する者　［年］號を撰する者は、「天」字を文（年号の文字）に取りて「二人」［というのを組み合わせて「天」とした］と爲し、以て二人の聖者と爲すと謂いて、太后を悅ばす。［天聖］九年に至り「明道」と改元す。又た以て「明」字を文（年号の文字）と爲すは、日月の並べばなり。［これは、「天」字を分解していた］「二人」［としたことと］と旨　同じ。無何（間もなく）、契丹の［穆宗の］諱を犯すを以て明年　遽かに　一に「遂」に作る　改めて「景祐」と曰《い》う。是の時、連歲（連年）天下　大旱あり。改元の詔意あり、以て和氣を迎えんことを冀えばなり。五年、郊に因りて又た改元して「寶元」と曰《い》う。景祐の初め、群臣　唐の玄宗の「開元」

を以て尊號に加えることを慕い、遂に「景祐」を尊號の上に加えんことを請う。「寶元」に至るも亦た然り。是の歲、趙元昊河西を以て叛し、元の氏に改姓す（宋からあたえられた「趙」姓をもとの「李」姓にもどす）。朝廷　之を惡み、遽かに改元して「康定」と曰《い》う。而れども復た〔「康定」を〕尊號に加えず。而《しか》して事を好む者　又た曰く、「康定」は乃ち謚なるのみ、と曰う。明年、又た改めて「慶曆」と曰《い》う。九年に至り、大旱あり。河北　尤も甚だし。民の死する者は、十に八九なり。是《ここ》に於いて又た改元して「皇祐」と曰《い》う。猶お「景祐」がごときなり。六年、日蝕あり。四月朔　正陽の月は、古より忌む所なりと謂うを以て又た改元して「至和」と曰《い》う。三年、仁宗　不豫たり。久之、康復（健康を回復する）し、又た改元して「嘉祐」と曰《い》う。「天聖」より此に至るまで、凡そ年號　九《ここの》つなり。皆な謂う有るなり（『歸田錄』巻上：孝思堂藏板・乾隆丙寅重梓『廬陵歐陽文忠公全集』巻一百二十六・集一百二十六・歸田錄巻第一・七葉）。

②「景」字とその用例

「景」字は、「謚法解」によると次のようにいう。

由義而濟曰景（義に由りて濟すを「景」と曰う）〔孔晁注：義を用いて成るなり〕

耆意大慮曰景（耆（強）き意もて大いに圖るを「景」と曰う）〔孔晁注：耆は、强きなり〕

布義行剛曰景（義を布きて剛を行なうを「景」と曰う）〔孔晁注：剛を以て義を行なうなり〕

『逸周書』謚法は、「耆意大慮曰景」と「布義行剛曰景」との順序が逆になっている。陳逢衡（字は履長・穆堂。江蘇江都の人。乾隆四十三年〔一七七八〕～咸豊五年〔一八五五〕。諸生）の『逸周書補注』（道光五年〔一八二五〕刊）は、次のような注釈を加える。

由義而濟曰景（義に由りて濟すを「景」と曰う）

孔〔晁〕注：義を用いて成るなり。

補注：「景」に正大（公正無私）顯鑠（あきらかでうるわしい）の義有り。周王貴[①]「景王」と謚す（『逸周書補注』巻十四・二十三葉・「由義而濟曰景」条）。

①周の靈王の子。魯昭公二十二年四月に心疾で崩ずる。

布義行剛曰景（義を布《し》きて剛を行なうを「景」と曰う）『漢書』霍去病傳の張晏注も同じ

孔［晁］注：剛を以て義を行なうなり。

補注：『春秋考異郵』に曰く、「景者、强也（景とは强なり）」。『魏書』羊祉傳に、太常少卿の元端・博士の劉臺龍　謚を議して曰く、［羊］祉　志は埋輪（權力者を畏れず、直言する）に存し、疆《ママ》（强）禦（權勢の人）を避けず。戎律（軍務）を賛《たす》けるに及び、熊武（勇猛な將士）も斯れ裁ち、伏《ママ》（仗）節（天子の代理となる）もて撫藩（安撫して保護する）す。邊夷（辺境の少數民族）も德を識り、殊俗《ママ》（殊類：風俗の異なった遠方）も化沾（感化）し、襁負（背負われている子供）も仁に懷《なつ》けり。謹しみて謚法に依るに、「布德《ママ》行剛曰景（德を布きて剛を行なうを「景」と曰う）」、宜しく謚して「景」と爲すべし、と。『北史』羊祉傳も同じ（『逸周書補注』卷十四・二十三葉〜二十四葉・「布義行剛曰景」条）。

朱右曾は、『逸周書集訓校釋』（道光二十六年〔一八四六〕序）において、

景は、強なり、大なり。義を用いて成り、能く自ら強きなり。義を布《し》きて剛を行ない、剛きを以て義を行なうなり。耆は、強なり（『逸周書集訓校釋』卷六・謚法弟五十四・「由義而濟曰景・布義行剛曰景・耆意大慮曰景」条）。

と注釈する。

潘振（字は芑田、号は餘莊。浙江仁和の人）の『周書解義』（嘉慶十年〔一八〇五〕自序）は、

景は、光なり、大なり。義を用いて事を成し、治道　光大なり（『周書解義』卷六・謚法解弟五十四・五十六葉・「由義而濟曰景」条）。

義　外に施す、故に「布」と曰う。剛　內に出る、故に「行」と曰う。義を布《し》きて剛を行ない、性體（本性・気質）光大なり（『周書解義』卷六・謚法解弟五十四・五十六葉・「布義行剛曰景」条）。

其の心意を彊くし、懦弱を鄰とせず。其の謀慮を大にし、細微に渉らず、志願　光大なり（『周書解義』巻六・謚法解弟五十四・五十六葉・「耆意大慮曰景」条）。

と注釈する。

北宋の蘇洵の「謚法」は、「由義而濟曰景」を除いた二条を採用する。

景二

耆意大圖曰景（耆（強）き意もて大いに圖るを「景」と曰う）。

布義行剛曰景（義を布《し》きて剛を行なうを「景」と曰う）。

なお、『通志』謚略において「景」字は、「上謚法」の百三十一字の一字に分類される。

右、百三十一の謚は、之を君親に用う、［また］之を君子に用う（『通志』巻四十六・謚略第一・謚中）。

君主や君子に用いる文字であると考えられている。

景泰帝に「景」という謚号が贈られてから後の人になるが、王世貞は『弇山堂別集』において、景泰帝の謚號の意味を、

景

景皇帝、帝の謚なり。宣宗（宣徳帝・章皇帝）の次子。「謚法」に、「耆（強）き意もて大いに圖る（耆意大圖）」・「義を布《し》きて剛を行なう（布義行剛）」を「景」と曰う（『弇山堂別集』巻七十・謚法一・「景」条）。

と説明する。

これらのことからすると、「景」字には、「義にしたがって執り行なう」・「強い意志で事を行なう」・「義にしたがって剛（強力な事）を行なう」などの意味があったと考えられてきたといえる。

では、用例はどうであろうか。管見の及ぶところ、皇帝として「景」と謚されたのは[1]、漢の景帝がいる。また、三

国呉の帝號を称した孫權から数えて三代目にあたる孫休（字は子烈）にも「景」字が贈られている。[2]

他には、実際に皇帝にはなっていないものの晉の司馬師（武帝司馬炎の伯父）や唐の皇祖が、いわゆる天子の七廟を整えるための処置として「景皇帝」と追贈されている。五胡十國の時代には、前趙の劉曜が髙祖の劉亮に光初元年〔三一八〕に「景皇帝」と追贈し、夏（五胡十國）の赫連勃勃が曾祖の武に眞興元年〔四一九〕に「景皇帝」と追贈する。南朝の南齊では、傍系から帝位についた明帝が実父の蕭道生に「景皇帝」を追贈している。

さらに、五代十国の呉国の二代目の楊渥（楊行密の長子：在位九〇五年～九〇八年）が五代十国の呉の武義年間（九一九年～九二〇年）に「景王」と追贈され（最初は「威王」と諡される）、五代十国の呉の乾貞元年〔九二七〕に「景皇帝」と追贈されている。

すると、正統王朝の皇帝としての事績に対して「景」と諡されたのは、漢の景帝のみであった、と言えるのではないだろうか（『資治通鑑綱目』の正統観からすると、三国呉の景帝は正統な皇帝とは認められていない）。では、この漢の景帝は、宋代・明代ではどのように評価されていたのか。続けて検討してみたい。

注

（1）皇帝の称号が使われる前の春秋時代、周の景王貴（周の靈王の子。魯昭公二十二年四月に崩ずる）が「景」と諡されている。

周の景王は、『春秋』昭公二十二年・經文に、

〔昭公二十二年〕夏。四月。乙丑。天王（周の景王）崩ず。

六月、叔鞅　京師に如《ゆ》き、景王を葬る。王室　亂る。

と記されるように、亡くなると、周の王室が乱れたという。

『史記』周本紀には、

景王貴　立つ。景王十八年、后・太子聖而蚤《ママ》に卒す。二十年、景王　子朝（景王の長庶子）を愛し、之を立てんと欲す。會た

ま崩ず。〔景王の〕子の丐《かい》の黨と〔子朝の黨と〕立つを争う。國人　長子猛を立てて王と爲す。子朝　攻めて猛を殺す。猛　悼《とう》王爲《た》り。晉人　子朝を攻め丐を立つ。是れ敬王（猛の母弟）爲《た》り。敬王元年、晉人　敬王を〔周に〕入れんとす。子朝自から立てば、敬王　入るを得ず。澤に居る。四年、晉　諸侯を率いて敬王を周に入る。子朝　臣と爲る。諸侯　周に城つくる。十六年、子朝の徒　復た亂を作し、敬王　晉に犇《はし》る。十七年、晉の定公　遂に敬王を周に入る……四十二年、敬王崩じ、子の元王仁　立つ。元王八年、崩じ、子の定王介　立つ……（『史記』周本紀）。

とある。「王室　亂る」ようになったのは、庶子の子朝を愛したために、王位継承をこじれさせたことによる、と伝える。

なお、宋の胡安國（字は康侯、謚は文定。福建崇安の人。北宋・熙寧七年〔一〇七四〕～南宋・紹興八年〔一一三八〕。紹聖四年〔一〇九七〕の進士）は、『春秋胡氏傳』において、この「王室　亂る」を次のように解釈する。

何をか「王室　亂る」と言うか。王者　天下を以て家と爲せば、則ち京師を以て室と爲す。京師とは、本なり。周公　「立政」（『書經』立政）を作りて曰く、「迪《みち》　惟れ有夏、乃ち室（王室）大競なる有り」と。其れ「鴟鴞《しきょう》」の詩（『詩經』國風・豳《ひん》）を作り以て成王に遣り、亦た曰く、「既に我が子を取る、我が室を毀《こぼ》つこと無かれ」と。皆な京師を指して之を言うなり。京師を以て室と爲し、王畿もて堂と爲し、諸夏もて庭户と爲し、四夷もて藩離と爲せば、外を治むる者は、先ず内よりし、遠きを治むる者は先ず近きよりす。「本《もと》亂れて末《すえ》治むる者は、否《あら》ず」（『大學』經第七節）。景王　子朝を寵愛し、孽子（庶子）をして配嫡（庶子の地位を嫡子と同等にする）せしめるは、本を以て亂す者なり。其の「王室」と言うは、國本（跡継ぎ）の正しからざるを譏《そし》ればなり。本正しくして天下定まれり……（『春秋胡氏傳』巻第二十六・昭公下・「〔昭公二十二年〕六月、叔鞅如京師。葬景王。王室亂」条）。

（なぜ「王室　亂る」と言うのか。それは以下のような理由からである。王者は、天下を家としているので、その居住している都（京師）を部屋（室）とする。都（京師）とは、本である。周公は、「立政」を作って「道が行なわれたのは、夏の禹の時である。その頃、王室はたいへん盛んであった」といった。『詩經』の鴟鴞《しきょう》で周公は、「既に我が子を取る、我が室を毀《こぼ》つこと無かれ」と言った。ここで言う「室」は、都（京師）を指している。都（京師）を部屋（室）とし、王畿を「堂」とし、諸夏を「庭户」とし、四夷を「藩離」とするのであるから、外を治めるには内側より行ない、遠方を治めるには近いところから行なう。「根本が乱れて、末端が治まっているようなものはありえない」のである。周の景王が、庶子の子朝をかわいがり、庶子を嫡子と同等の地位に置いたのは、本を乱すものである。『春秋』の經文で「王室」と言っているのは、跡継ぎ（國本）に問題があることを批判している。本が正しくて、天下が治まるのである）

周の景王が、庶子の子朝をかわいがり、庶子を嫡子と同等の地位に置いたのは、本を乱すものである、と批判するのである。

また、春秋の時の齊の国王で「景」字が贈られた齊の景公（名は杵臼《しょきゅう》）も、『論語』で「齊の景公　馬千駟《し》有り。死する日、民徳として稱《ほ》むる無し（齊の景公は馬千頭を有するほどの豊かな王であったが、亡くなるとだれもそれを徳として称賛するものはいなかった）」（『論語』季氏）といわれる。また、朱熹も、

……是の時、［齊の］景公　政を失い（政治を誤り）、而《しか》して大夫の陳氏（田乞）厚く國に施す（政治を取り仕切る）。［齊の］景公　又た内嬖（側室）多くして、太子を立てず。其の君臣・父子の間皆な其の道を失う……（『論語』顔淵「齊景公問政於孔子。孔子對曰、君君、臣臣、父父、子子」条の集注）。

と注している。やはり、否定的に評価され、王位継承で齊の国を混乱させた人物であったという。

憶測ではあるが、このことと景泰帝に贈られた「景」字と関連があるかもしれない。なぜなら、景泰帝は、自分の子供に皇位を継承させようとして、皇太子であった英宗の子で後の憲宗成化帝を退位させたからである。

（2）「景」字が贈られた孫休について、『三國志』の編者の陳壽（字は承祚。巴西郡安漢縣（四川南充）の人。建興十一年（二三三）～晉・元康七年（二九七））は、次のようにいう。

評に［以下のように］曰く。……［孫］休　舊愛宿恩を以て、［濮］用興・［張］布を任じ、良才を抜進して改絃易張（琴の弦を張り替える。制度などを根本的に改める）する能わず。志《こころざし》善く好學なりと雖も、何ぞ亂を救うに益あらんや。又た既に廢されるの［孫］亮をして其の死を得ざらしめるは、「友于①（兄弟の意）」の義に薄《うす》し……（『三國志』巻四十八・呉書三・三嗣主傳第三）。

①『書經』君陳に「惟孝。友于兄弟、克施有政（惟れ孝なれば、兄弟に友に、克《よ》く有政に施す）」とあり、『論語』爲政に「……子曰、書云孝乎、惟孝友于兄弟、施於有政（子曰く、書に云う、孝か、惟れ孝、兄弟に友に、有政に施す）……」。

孫休と景泰帝に贈られた「景」字との関連を強いて挙げるならば、批判のひとつに挙げられている「友于（兄弟の意）の義に薄《うす》し」ということであろうか。というのも、景泰帝は、帰還した兄の英宗に帝位を返還せず、宮中で幽閉したからである。

（2）漢・景帝について

司馬光（字は君實、晩年に迂夫もしくは迂叟と号す。諡は文正。陝西夏縣涑水《そくすい》の人。宋・天禧三年（一〇一九）～

元祐元年〔一〇八六〕。寶元元年〔一〇三八〕の進士）の『資治通鑑』は、漢の景帝の評価として、漢紀八・「孝景皇帝下」の末尾に司馬光自身の文章ではないが、『漢書』景帝紀・論贊と『史記』平準書（『漢書』食貨志）の記述を引用する。

『資治通鑑』が引用する班固（字は孟堅。後漢・建武八年〔三二〕～永元四年〔九二〕）の『漢書』景帝紀・論贊には、次のようにある。

班固の贊に［以下のように］曰く。孔子　稱すらく「斯の民や、三代の直道にして行なう所以なり」①（『論語』衛靈公）と。信なるかな。周・秦の敝は、罔密文峻（法網が緻密で峻烈）なれども、姦軌（不正を行なう者）勝《あ》げられず。漢　興り、煩苛を埽除し、民と休息す。孝文［帝］に至り、之に加えるに恭儉を以てし、孝景［帝］は業に遵《したが》う。五六十載の間、移風易俗②に至り、黎民は醇厚たり（顏師古　曰く、黎は、衆なり。醇は、澆雜ならず）。［そうしたことから］周は成［王］・康［王］と云い、漢は文［帝］・景［帝］と言う③。美《うるわ》しきかな（『資治通鑑』巻第十六・漢紀八・孝景皇帝下[1]）。

①顏師古　曰く、此れ『論語』に載せる孔子の辭なり。言うこころは、此れ今の時の人は、亦た夏・殷・周の馭する所なり。政化淳壹なるを以て、故に能く「直道にして行なう」。今の然らざるを傷む。

②『禮記』樂記に「移風易俗、天下皆寧（風を移し俗を易《か》えて、天下皆な寧《やす》し）」。

③『史記』周本紀に「成［王］・康［王］、天下　安寧にして、刑　錯[a]（捨て置く）され四十餘年用いられず」。

a『史記』の「集解」は、この「錯」字について「應劭　曰く、錯とは、置くなり。民　法を犯さず、刑を置く所無し」と注釈する。

（班固の景帝紀の贊に次のようにいう。孔子は「今の人たちは夏・殷・周三代にわたり直（心をゆがめず、善は善とし悪は悪とする）の道（行動）をもって治めた人たちと同じである」と言った（『論語』衛靈公）。まことにその通りである。周末・秦の欠点は、法網が密で法文はきびしかったものの、不正を行なう者を摘発しきれなかった。漢が興り、煩雑・苛酷な法を一掃して人びとに安らぎをあたえた。文帝に至って、さらに恭順・節倹を加え、景帝はこれを遵守し、五、六十年の間に、風俗を改め、民衆は淳朴で人情は厚くなった。そうしたことから、周代においては成王・康王を讃え、漢代においては文帝・景帝を讃える。立派なことではないか）

班固は、周の成王・康王に匹敵する皇帝として漢の文帝・漢の景帝をたたえるのである。

『資治通鑑』は、この班固の論賛を引き、さらに『史記』平準書（『漢書』食貨志）から次の条を引用する。

漢　興り、秦の弊に接し、作業　劇《はげ》しく、財　匱《とぼ》し、天子より鈞駟（四頭ともに同じ色の馬）を具うる能わず、而《しか》して将［軍］・［宰］相　或いは牛車に乗る。齊民（平民）藏蓋（儲藏）無し（蘇林　曰く、物の藏を蓋う可き無し）。天下　已に平らぎ、高祖　乃ち賈人をして絲（絹）を衣《き》ると車に乗るとを得ざらしめ、租税を重くし以て之を困辱す。孝惠［帝］・高后（高太后）の時、天下　初めて定まるが爲《ため》に、復た商賈の律を弛《ゆる》む。然れども市井（商賈を指す）の子孫は、亦た仕宦して吏と爲るを得ず。吏祿（役人の俸給）を量《はか》り、官用（官府の費用）を度《はか》り、以て民に賦す。而《しか》して山川・園池・市井の租税の入るるは、天子より以て封君の湯沐の邑（諸王侯の封邑）に至るまで、皆な各々私の奉養と爲し、天子の經費に領《おさ》めず。山東の粟を漕轉（運搬）して以て中都の官（京師の諸々の官府）に給するも、歳に數十萬石に過ぎず。繼ぎて孝文・孝景を以てし、清淨恭儉もて、天下を安養し、七十餘年の間、國家　事無し、水旱の災に遇うに非ざれば、民は則ち人給家足す。都鄙の廩庾（糧倉）皆な滿ち、府庫　貨財を餘《あま》す。京師の錢　鉅萬を累《かさ》ね、貫　朽《く》ちて、校《かぞ》う可からず、太倉の粟　陳陳として相い因り（穀物が積み重なったままになること）、充溢（充滿）して外に露積（露天積み）し、腐敗するに至り食す可からず。衆庶　街巷に馬有り、阡陌の間に羣を成す。字牝（牝馬）に乗る者は、擯けられて聚會するを得ず。閭閻（門）に守する者は粱《りょう》肉（粱《りょう》（あわ）を飯として肉を肴とする。美味しい食膳を指す）を食し、吏と爲る者は子孫を長す、官に居る者は以て姓の號と爲す（たとえば、倉氏・庾氏など）。故に人人　自愛し法を犯すを重んじ、義を行なうを先にし、詘辱（屈辱）を後にす。此の時に當り、罔疏にして、民富み、役財驕溢（驕って満ち足りる）し、或いは兼幷・豪黨の徒に至るまで、以て鄉曲に武斷す〔師古曰く、其の豪富に恃みて則ち擅に威罰を行なうなり〕。宗室の土有るもの〔師古曰く、國の宗姓の奉邑土地を受ける者を謂うなり〕・公・卿・大夫以て下は、奢侈を争い、室廬・輿服は上に僭《なぞら》え、限度無し。物盛んなれば衰うは、固より其の變なり。是れより後、孝武内に侈靡を窮め、外に夷狄を攘い、天下蕭然として、財力耗《つい》ゆ（『資治通鑑』巻第十六・漢紀八・孝景皇帝下）。

（漢が興った際には、秦の悪政の後を受けて、なすべき仕事は多端で財貨も乏しく、天子は車馬の色を揃えることができず、将軍や宰相は牛車に乗る者もあり、民衆には貯えがなかった。天下が平定されると、高祖は商人に絹物を着ることと車に乗ることを禁じ、租税を重くして彼らを苦しめはずかしめた。惠帝及び高后の時には、天下がやっと治まったので、ふたたび商人への禁令を弛めた。しかしながら商人の子孫は、依然として仕官して役人になることはできなかった。役人の俸禄を計上し、役所の費用を見積もり、人民に課税した。そうして山・川や園・池の物産や商人の租税の収入は、天子から諸王侯の封邑に至るまで、すべて私人としての賄いに取り、天子の国政の経費には入れなかった。山東地方の穀物を運んで都の官府に供給するものも、年に数十万石を越えなかった。これに次いで、文帝・景帝が清廉潔白・恭順・節倹をもって天下を安らげ養い、七十余年の間天下諸国は何事もなく、大水や日照りの災害さえなければ、人民はどの家でも物資が十分で都市も農村も、米倉は一杯になり金倉は金銭物資が溢れた。都の銭は巨万を重ね、それを通す紐はぼろぼろに朽ちて数えることができないほどであった。都の米倉は穀物が積み重なったままになり、溢れたものは屋外に露天積みにされ、腐って食べることができないほどになった。庶民は街で馬を乗り廻し、田畑にも馬が群れをなし、牝馬に乗った者はのけ者にされて、仲間入りできず、門番も美食を食べ、役人は子孫の養育に手がまわり、官署にいる者は、それを姓に名乗るほどであった（たとえば、倉氏・庾氏など）。それゆえ人びとは、自重して法を犯すことを慎み、道を行なうことに心がけ、屈辱を受けることを避けた。こうした時に、法網はゆるく、人民は裕福になり、物を浪費して贅沢に奢り、また、土地を兼併したり、多数の徒党を組んだ輩が地方でかってな振舞をするようにもなり、封邑を受けた宗室や公・卿・大夫などの大官以下の役人たちは奢侈を競い、住居・乗り物・衣服などは長上の者をのり越えて、限度がないほどになった。物事は盛んになると必ず衰えるのが、変化本来の法則である。これより以後、武帝は、内は奢りをきわめ、外は夷狄を討ち払って、天下はひっそりとし、財力はついえていった）

このように周の成王・康王とならび称えられたとする班固の論賛と、「法網はゆるく、人民は裕福になり、物を浪費して贅沢に奢り、また、土地を兼併したり、多数の徒党を組んだ輩が地方でかってな振舞をするようにもなった」というものの文帝・景帝の時代には世の中が豊かになったという『史記』平準書（『漢書』食貨志）の記述を引用していることからすると、『資治通鑑』は漢の景帝に対して一定のよい評価を与えていると考えられる。

ところが『資治通鑑綱目』になると、以上の『資治通鑑』の記述を引用をした後、胡寅（字は明仲、先の字は仲虎、又の字は仲剛、号は致堂。致堂先生・衡麓先生・衡楚先生と称される。福建崇安縣の人。北宋・元符元年（一〇九八）〜南宋・紹興二十六年（一一五六）。胡安國の長子）の『致堂讀史管見』（巻第二・孝景・漢紀・「帝崩」条）の胡寅の意見を「胡氏　曰く」として付け加える。

胡氏　曰く、文［帝］・景［帝］は民を養う[1]こと厚し。諸《これ》を仲尼の言に稽《かんが》うるに、則ち亦た之を富庶[2]にするのみ。未だ以て之を教（教育）うること有らざるなり。然れども文帝は寛厚の長者なり。徳を以て人を化す。事無ければ、則ち謙抑（謙遜）して能わざるが如くす。事有れば、則ち英氣　奮發す。景帝は刻薄（冷酷無情）・任數（権謀を用いる）にして、詐力（恐喝や暴力）を以て下を御す。平居は則ち誅賞（賞罰）肆《ほしいまま》に行ない、緩急（差し迫った状況）には則ち惴慄《ずいりつ》（恐れて戦慄する）して失措（恐れて常態を失う）す。其の大致（基本的）の懸絶（大きな違い）すること此の如し。而して［景帝は］又た寵《いつくしむ》無くして正后を廢し、夫婦の道 薄し。罪無きを以て太子を廢し、父子の恩 睽《そむ》けり。梁王を過愛し、輕がろしく位を傳うるを許し、[③]兄弟の好 終えず。讒を信じ譖を用い、中屠嘉を絀け、鼂錯を戮し、周亞父を殺し、君臣の道 乖缺す。其れ文帝に視《くら》べるに益々相い遼《はる》かなり。獨り節儉（節約）愛民の一事は、克く前業に遵うのみ。夫れ豈に成［王］・康［王］と同じく美稱を得んや、と（成化刻『資治通鑑綱目』第四・「孝景皇帝」条・十二葉〜十三葉[(2)]）。

①『書經』大禹謨に「禹曰、於、帝念哉。德惟善政、政在養民（禹 曰く、於《ああ》、帝念《おも》え。德は惟れ政を善くす、政は民を養うに在り）……」。

②『論語』子路に、「冉有曰、既庶矣、又何加焉。曰、富之（冉有 曰く、既に［人口が］庶《おお》きなり。又た何をか加えん、と。曰く、之を富まさん、と）」。

③梁王武は、景帝と同じ竇皇后の子である。『漢書』文三王傳によれば、「是時、上（景帝）未置太子、與孝王宴飲、從容言曰、「千秋萬歲後傳於王」。王辭謝。雖知非至言、然心內喜。太后亦然（是時（景帝が即位した直後）、上（景帝）未だ太子を置かず。孝王（梁王武）と宴飲し、從容として言いて曰く、「千秋萬歲の後、［帝位を］王（梁王武）に傳えん」と。王（梁王武）辭謝す。至言（心からのことば）に非ずを知ると雖も、然れども心內 喜ぶ。［竇］太后も亦た然り）」。

（漢の文帝・景帝は、民の生活を豊かに養った。このことを孔子の発言に考えてみると、富庶（人口が多くなり、豊かになる）ということになる。また、これは教えてできることではない。しかしながら、文帝は寛大で手厚い長者である。徳でもって人々を教化した。何事もなければ、謙遜してできないようなふりをした。何事かあれば、優れた気質を発揮した。景帝は冷酷無情で権謀を用い、脅しや権力で臣下を統御した。ふだんは賞罰を好き勝手に行ない、差し迫った事態になると恐れおののき、どうしていいのか分からなくなる。その基本的なおおきな相違点は、このようなものである。そのうえ、景帝は、いつくしむこともなく皇后を廃位して、夫婦の道徳を軽んじた。罪もない太子を廃位し、父子の恩愛から離れた。梁王に愛情をそそぎ、軽々しく帝位の継承を口にだしたが、後に不和となり、兄弟が睦まじいままで終わることはできなかった。讒言を信じ、いつわりを用いて、申屠嘉をしりぞけ、鼂錯を処刑し、周亞父を殺して、君臣の道徳は乖離して壊れていった。これを文帝に比較すると遠く隔たっている。ただし、その節約と民をいつくしんだことは、じゅうぶんに文帝を受け継いでいる。だが、どうして、周の成王・康王と同じくすばらしい評価をうけることができるのだろうか）

胡寅は、「夫れ豈に成［王］・康［王］と同じく美稱を得んや」といって班固の論贊の評価を批判し、漢の景帝に対してかなり手厳しい評価を下しているのである。

『資治通鑑綱目』は、『資治通鑑』を引用し、その後にそれに対して否定的な胡寅の意見を付け加える。それは、班固の論贊・『史記』平準書（『漢書』食貨志）などにしたがった『資治通鑑』の評価に対して、ことさら異を唱えるためであったといえるのではないか。ちなみに、胡寅は、漢の景帝が皇后・太子を廃位したことや皇位継承・兄弟間に問題を起こしたことを指摘しているが、これは明・景泰帝が行なったことと重なる。

では、明王朝では、漢の景帝をどのような皇帝と見ていたのであろうか。永樂帝（元・至正二十年（一三六〇）～明・永樂二十二年（一四二四））勅撰の『性理大全』（永楽十三年（一四一五）序）は、「五峰胡氏曰」として、胡宏（字は仁仲。五峰先生と称される。福建崇安の人。北宋・崇寧四年（一一〇五）？～南宋・紹興三十一年（一一六一）？。胡安國の子）の漢の景帝に対する評価を引用する。

五峰胡氏　曰く、漢の景［帝］　郅都《しつと》・寧成を以て中尉と爲し、嚴酷を以て宗室・貴戚を治む。［そのため］人人　惴恐す。夫れ親親尊尊の道は、必ず天下の節行賢德の人を選び、之が師傅と爲し、之が交遊を爲す。則ち大人君子の天下の用と爲す可きもの有れば、何ぞ其の法を犯すを憂うること有らんや。百姓を治むること亦た然り。學校を修崇するは、教うる所以なり。刑は以て教えを助けるのみ。治を爲すの正法に非ざるなり（『性理大全』巻之六十・歴代二・西漢・「景泰」条）。

（胡五峰（胡宏）は、次のように述べる。漢の景帝は、［酷吏である］郅都《しっと》・寗成を中尉（警視総監：九卿のひとつ）に任命し、冷酷に宗室（皇族）・貴戚（皇族親族）を取り締まった。［そのため］人々は恐れおののいた。そもそも親親尊尊の道（親密な人に親しくし、尊貴な人を尊ぶという人間の情け）は、必ず天下の節行賢徳の人を選んで、師となしたり交遊したりして行なうものである。天下のために有用となるべき大人や君子がいれば、どうして人々が法を犯すことを憂えたりすることがあるだろうか。人々を統治することも同じである。学校を起こしてとうとぶのは、このことを教えるからである。刑というものは、この教えを補助するだけである。統治の正しい方法ではない）

漢の景帝は、酷吏である郅都《しっと》・寗成を中尉（警視総監：九卿のひとつ）に任命し、冷酷に宗室（皇族）・貴戚（皇族親族）を取り締まったという。つまり漢の景帝の統治方法を批判しているように理解できる。

この意見が、永樂帝勅撰の『性理大全』に掲載されていることは、明朝における公式の漢の景帝に対する評価と考えていいと思う。

では、続けて憲宗成化帝と漢の景帝に批判的な『資治通鑑綱目』との関係を検討してみたい。

注

（1）『史記』孝景帝本紀・論贊は、次のようにいう。

太史公　曰く、漢　興り、孝文（文帝）大德を施し、天下　懷安（安んじて楽しむ）す。孝景（景帝）に至り、復た異姓［の諸侯］を憂えず。而《しか》れども晁錯《ちょうそ》［王室の］諸侯を刻削し、遂に七國をして倶に起きて、合從して西に鄉わしむ。諸侯の太《はなは》だ盛なるを以て、［晁］錯　之が爲《ため》に漸を以てせざればなり。主父偃《しゅほえん》の之を言い、諸侯の以て弱きに及び、卒に以て安んず。安危の機は、豈に謀を以てせざらんや（『史記』孝景帝本紀・論贊）。

［（漢が興り、景帝の前代の文帝が大いに徳を施したので、天下は分に安んじてその業を楽しんだ。景帝になってからは、異姓

の諸侯は［ほとんどが取り潰されたため］憂慮することはなくなった。しかし晁錯《ちょうそ》が［王室の］諸侯の領土を削ったので、とうとう王族の七国が蜂起・連合して軍勢を西にある都に進める事態になった。これは、王族の勢いが盛んであるのに、晁錯《ちょうそ》が［王室諸侯の力を］徐々に削減しようとしなかったためである。主父偃《しゅほえん》の献策（王室諸侯の領土を分割相続させる）によって勢いは弱くなり、ようやく安らかになった。天下の安危の機微は、計略のよしあしによるのではないだろうか）

この『史記』孝景帝本紀の論賛では、景帝その人についての評価はなされていないように見える。なお、「孝景帝本紀」に関して、『史記』太史公自序の「太史公曰、余述歴黄帝以來至太初而訖、百三十篇」条の「索隱」に次のようにいう。

案ずるに、『漢書』に「十篇　錄有りて書無し」①と曰う。張晏②曰く「［司馬］遷　沒するの後、「景紀（「孝景帝本紀」）」・「武紀（「孝武帝本紀」）」・「禮書」・「樂書」・「兵書」・「將相表」・「三王世家」と「日者［列傳］」・「龜策［列］傳」・「傅靳［列傳］」等の列傳は亡ぶ」と。案ずるに、「景紀（「孝景帝本紀」）」は、班［固］の書（『漢書』）を取りて之を補う……（『史記』太史公自序・「太史公曰、余述歴黄帝以來至太初而訖、百三十篇」条の「索隱」）。

①『漢書』藝文志「太史公百三十篇」条の顔師固の注。

②張晏：字は子博。中山の人（顔師固「前漢書敍例」による）。

「索隱」によれば、「孝景帝本紀」は散逸してしまったので、班固の『漢書』を用いて補ったというのである。『資治通鑑考異』に言及がなく、たんなる私の推測にすぎないが、このことも『資治通鑑』が『史記』の論賛を引用しなかった理由のひとつかもしれない。

付け加えておくと、『史記』の「孝景帝本紀」を含む十篇の亡佚問題については、余嘉錫（字は季豫。湖南常德の人。光緒十年〔一八八四〕～一九五五年）が「太史公書亡篇考」（『余嘉錫論學雜著』（中華書局一九六三年刊・一九七七年第2次印刷）所収）において詳しく論じている。

（2）憲宗成化帝の次の孝宗弘治帝の時代の宮中では、『資治通鑑綱目』は読まれたものの、胡寅については、ほとんど知られていなかったようだ。『萬曆野獲編』は次のように伝える。

【致堂胡氏】胡致堂　名は寅、字は明仲、［『春秋胡氏傳』などで著名な］胡安國の長子爲《た》り。垂髫の孺子（おさげ髪の子供）と雖も亦た之を知る。孝宗　一日宮中に在りて『［資治］通鑑綱目』を閱《よ》むに、致堂胡氏（胡寅）の斷語有り。［しかし］未だ其の人を知らず。因りて御札を出し內閣に付《わた》し、其の本末（委細）を問う。時に洛陽の劉文靖（劉健）①諸公　閣に在り。倶に茫然として失對（回答が出せない）たり。遂に［回答できないことを］直陳（隠し立てせずに伝える）し以て謝す。閣を出るに比《およ》びて、故籍を翻閲し始めて之を得て、具さに掲して以て復す。且つ寡學を以て引愆す。上（孝宗弘治帝）も亦た罪せざるなり。是の時、李長沙（李東陽②）次相爲り。博雅を以て稱せらる。豈に此れを嫻《しずか》にせざらんや。或いは恐くは劉の護前（過失をかばう）し、故に韜晦して拙なるを示さんや。胡［寅］の著わす所の『讀史管見』等の書は、初めより祕册に非ず。想うに劉［健］亦た未だ嘗て［『讀史管見』を］寓目せず。宜《ほとん》ど邱仲深（邱濬：字は仲深）の其の一屋の串子を笑いて、却って散銭無き［がごとき］なり。其の後、馬端肅（馬文升③）「宰相は須らく讀書人を用うべし」④の語有り。蓋し亦た「正德」の年號の一事に止まらざるなり⑤（『萬曆野獲編』補遺巻二・内閣・「致堂胡氏」条）。

①劉健：名は健、字は希賢、号は晦菴、謚は文靖。河南洛陽の人。宣德五年（一四三〇）～？。天順四年庚辰科（一四六〇）二甲三十九名の進士。

②李東陽：字は賓之、号は西涯、謚は文正。湖廣茶陵の人。正統十二年（一四四七）～正德十一年（一五一六）。天順八年甲申科（一四六四）の二甲一名の進士。

③馬文升：字は負圖、号は三峯居士、謚は端肅。河南鈞州の人。宣德元年（一四二六）～正德五年（一五一〇）。景泰二年辛未科（一四五一）三甲一百七名の進士

④『萬曆野獲編』に「鈞陽（馬文升）銓試（試験）するに、「宰相須用讀書人」の論題を出し、以て洛陽（劉健）の不學を識る」（『萬曆野獲編』巻七・内閣・「閣部形跡」条）。

⑤『萬曆野獲編』に「正德の改元は、實に西夏の李乾順の故號を誤襲す。時に馬端肅（馬文升）銓（銓考）を秉るに試題を出し、以て政府の不學を嘲う。劉晦菴（劉健）、李西涯（李東陽）、謝木齋（謝遷：字は于喬、号は木齋、謚は文正。浙江餘姚の人。景泰元年（一四四九）～嘉靖三年（一五三一）。成化十一年（一四七五）乙未科の狀元）の三公 揆地（宰相の地位）に在り。世 傳えて笑端（笑い話）と爲す」（『萬曆野獲編』巻十五・科場・「出題有他意」条）。

（3）憲宗成化帝と『資治通鑑綱目』

成化九年二月十六日に『資治通鑑綱目』の定本編纂が終了し上呈される。憲宗成化帝が、景泰帝の帝號復活を命じる二年ほど前のことである。憲宗成化帝が序文で「考訂・上呈　具さに朕（憲宗成化帝）の意の如し」と書いている

ことからすると、『資治通鑑綱目』の校訂・出版は憲宗成化帝の意志によるものであった。

では、憲宗成化帝は、『資治通鑑綱目』をどのような書物であると考えていたのであろうか。憲宗成化帝は、「御製資治通鑑綱目序」で次のようにいう。

［成化九年二月］丁丑（十六日）、是れより先、上（憲宗成化帝）儒臣に宋儒朱熹の『資治通鑑綱目』を考訂させ、盡く後儒の著わす所の「考異」・「考證」の諸書を去り、而して王逢の『集覽』・尹起莘の『發明』を以て其の後に附すを命ず。是に至り上呈す。上（憲宗成化帝）刻梓し以て傳うるを命じ、親《みず》から序を巻首に制《つく》りて曰く、朕（憲宗成化帝）惟《おも》うに朱子（朱熹）の『資治通鑑綱目』は、實に『春秋』經傳の體を備え、天理を明らかにし、人倫を正す。善を褒め悪を貶《おとし》め、詞　嚴にして義　精なり。其の天下後世に功有ること大なり。顧だ傳刻（転々と版木に伝えうつして刻する）歳久しく、間に缺訛有り。甚だしくは書法と著わす所の「凡例」・「提要」と或いは同じからざるもの有るに至る。是《ここ》を以て後人　焉《これ》を疑い、「考異」・「考證」の作有りて、兩つながら其の説を存し、終に能く定むる莫し。朕（憲宗成化帝）嘗て深く其の故を求む。蓋し「凡例」・「提要」は乃ち朱子（朱熹）の親から筆し以て門人に授け、之に據らしめ、以て書を成す。書　既に成るに及び、再び筆削を加え、則ち事に随いて文を立つ。［そのため］時に小異有り、而して大體は終に勸懲[1]の外に出でず。豈に一一疑を其の間に致す可けんや。昔者《むかし》、五經の同異は、漢の宣帝の命に頼りて、諸儒　石渠閣に講論し、親《みず》から稱制（詔勅のひとつ。三公と尚書が副書して、州縣に頒布するのに用いる）して臨決（自分で決裁する）す[2]。然る後に［五經の異同を］一に歸す。朕（憲宗成化帝）『［資治通鑑］綱目』に於いて斯れ意有り。特に儒臣に命じて重ねて考訂を加えて、諸々の善本を集め、證するに「凡例」を以てす。缺くる者は、之を補し、羨《あま》る者は之を去る。事の大義に關する、未だ年を踰えずして改元するが若き者は、例に依りて之を正す。［たとえば］漢の初めの紀年の若きに至るに、首冬（前漢初期は十月を正月としていた。武帝の時になって一月を年の始めとする）なるも、惟だ景帝中後二年に

舊史　誤りて冬十月を歳終に列す(1)。朱子（朱熹）［の『資治通鑑綱目』］以て「疑いを傳う」（『春秋穀梁傳』桓公五年／莊公七年）と雖も、而れども呂東萊（呂祖謙）の『大事記』已に次年を首に考え正す。此れ則ち宜しく呂氏に從うべし。其の餘は、「書法」と「凡例」とは小しく異なるも、大いに關渉する者無ければ、悉く其の舊に仍らしむ。［そして］、盡く「考異」・「考證」を去り、並びに傳えしめず。［それは］學者の疑いを免れ、朱子（朱熹）の筆削の志を成す所以なり。考訂・上呈　具さに朕（憲宗成化帝）の意の如し。『［資治通鑑］綱目』是に於いて完書と爲る。於戲《ああ》、是の書の載せる所は、周・秦・漢・晉より南北朝・隋・唐を歴て以て五季に及ぶ。凡そ千三百六十二年の間、明君・良輔は以て其の功を昭らかにし、亂臣・賊子(3)は其の罪を逃れる所無く、而して疑事・悖禮は咸な以て折衷するを得ること有り。後世の君と爲り臣と爲る者をして、之に因りて以て鑒戒（いましめ）・勸懲（勸善懲惡）とし、而して存心（政務を行なう心の持ち方）・施政は胥な［『資治通鑑綱目』の］正道に由りて善治に臻るを圖らしむ。其れ名教に於いて、豈に小補(4)あらんや。然らば則ち是の書は、誠に以て先聖の『春秋』を繼ぎ、後人の軌範(5)と爲すに足る。其の傳うるを廣くせざる可からざるなり。因りて命じて定本を繕錄し、附するに「凡例」を以てし、并せて諸を梓に刻し以て傳う。爰《ここ》に首に序し、簡に讀者をして自から云う所を知らしむ（『大明憲宗繼天凝道誠明仁敬崇文肅武宏德聖孝純皇帝實錄』巻之一百十三・「成化九年二月丁丑（十六日）」条：成化刻『資治通鑑綱目』所収の「御製資治通鑑綱目序」も同じ）。

① 『左傳』成公十四年に「君子曰、春秋之稱微而顯、志而晦、婉而成章、盡而不汙、懲惡而勸善、非聖人、誰能修之（君子曰く、『春秋』の稱（書法）［字数は］微《かすか》なれども［意味は］顯《あきら》かなり。［つぶさに］志《しる》すも晦なり（露骨ではない）、婉［曲］にして章を成し（道理が通り）、盡くして汙ならず（はっきりと直言する）、惡を懲らして善を勸む。聖人に非ざれば、誰か能く之を修めん）」。

② 『漢書』宣帝紀に「詔諸儒講「五經」同異、太子太傅蕭望之等平奏其議、上親稱制臨決焉（諸儒に詔して「五經」の同異を講ぜしむ。太子太傅の蕭望之等　其の議を平奏す。上（宣帝）親から稱制して臨決す）」。

③『孟子』滕文公下に「孔子成春秋、而亂臣・賊子懼（孔子『春秋』を成して、亂臣・賊子懼る）」。

④『孟子』盡心上に「夫君子所過者化、所存者神、上下與天地同流、豈曰小補之哉（夫れ君子（朱注：君子は聖人の通稱なり）の過ぐる所の者は化し、存する所の者は神なり、上下　天地と流れを同じくす、豈に之を小補（覇者が少しばかりすきまをうめる）すと曰わんや）」。

⑤孔安國「尚書序」に「所以恢弘至道、示人主以軌範也（至道を恢弘《かいこう》し、人主に示すに軌範を以てする所以なり）」。

（上（憲宗成化帝）は儒臣に宋儒の朱熹の『資治通鑑綱目』を考訂させて、後儒が作成した「考異」・「考證」などの諸書を取り除き、王逢の『集覽』と尹起莘の『發明』を『資治通鑑綱目』の最後に置くことをお命じになった。そして、それをここに上呈する。上（憲宗成化帝）は出版して伝えるように命ぜられ、ご自身で序文を作成された。それは以下のようなものである。朕（憲宗成化帝）がもっぱら考えるに、朱子（朱熹）の『資治通鑑綱目』は、『春秋』經・傳の体例を備え、天理を明らかにし、人倫を正すものである。善事を褒めて悪事を貶めるということについては、ことばが厳密に用いられ、意味が精密である。世間や後世に大きな功績がある。ただ、次々と版が重ねられて年月がたち、欠けたところや異同がでてきた。そして甚だしいことに『資治通鑑綱目』の書法と朱子（朱熹）が著した「凡例」・「提要」とが矛盾するところがでてくるようになった。こうしたことから、後の人は、『資治通鑑綱目』と「凡例」・「提要」とを疑い、「考異」・「考證」の注釈書を作り、両者の説を併記し、どちらとも定めることができなかった。朕（憲宗成化帝）は前にその理由を深く考えた。おそらく、「凡例」・「提要」は朱子自身が書き上げ、門人に授けて、それにしたがって『資治通鑑綱目』を作らせた。書物が完成しても、さらに加筆や削除を行ない、それぞれの事例によって文言を立てたので、時に少しの異同が生じたのであろう。しかしながら、大体は勧善懲悪の枠組みから外れる者ではない。どうしていちいち細かいことを疑いを差し挟さまないといけないのだろうか。むかし、五經の異同について、漢の宣帝の命で、儒者たちが石渠閣で議論し、皇帝がみずから制書を下して、石渠閣に臨席して決めていった。そうして、［五經の異同を］統一したのである。

朕（憲宗成化帝）も、『資治通鑑綱目』において同様の考えを持っている。特別に儒臣に命じて、再び考訂を加え、種々の善本を集めて、「凡例」にしたがって考証を行ない、欠けているところは補い、余分なところは削除する。年を踰えないで改元するといった大義に関することは、用例によって正す。たとえば、前漢のはじめの紀年は、「十月」から始まるとしていた。ただ景帝の「景帝中後二年」は、『史記』において誤って「冬十月」の記述を最後に並べている。朱子（朱熹）［の『資治通鑑綱目』］は、疑いは疑いのまま伝えている。しかし、呂東萊の『大事記』では、「十月」を最初に持ってきて訂正している。ここは、呂東萊に従うべきであろう。それ以外は、「書法」と「凡例」と少しばかり異なっているものの、大きくかかわることがないので、ことごとく元のままにしておく。そして、すべての「考異」・「考證」を削除し、後に伝えないようにする。それは、学ぶ者たちに疑問を起こさせず、朱子（朱熹）の書くべきは書き、削るべきは削るという教えを知ってもらいたいためである。考訂させ、上呈させたのは、すべて朕（憲宗成化帝）の考えである。『資治通鑑綱目』は、ここに完全な書物となる。ああ、この書物の記述は、周・秦・漢・晉より南北朝・隋・唐をへて五代末に及んでいる。すべて千三百六十二年の間の明君や輔弼の臣は、その功績を明らかにし、亂臣・賊子はその罪状を逃れることがない。判断に苦しむような事や礼にもとるようなことは、すべて『資治通鑑綱目』を尺度として是非を定める。後世の君主となったり臣下となったりする者は、『資治通鑑綱目』を拠りどころとして、いましめたり勧善懲悪を行なうようにさせ、［政務を行なう］心の持ち方や実際の政務は、すべて『資治通鑑綱目』の正しい道理によって、善政にいたるようにさせる。それは、名教において、すこしばかりすきまを埋めるようなものではない。この『資治通鑑綱目』は、先聖の『春秋』を継いで、後の人の規範となるに足るものであるし、広く伝えるべきものである。そこで定本を作成し、「凡例」を附して、刻して広めることを命じた。ここにはじめに序文を記し、簡単に言いたいことを伝える）憲宗成化帝は、朱熹の『資治通鑑綱目』を、『春秋』經・傳の体例を備え、天理を明らかにし、人倫を正す書物であるとする。さらに、善事を褒めて悪事を貶めるということについては、ことばが厳密に用いられ、意味が精密であり、世間や後世に大きな功績がある、と理解していた(2)。

さらに、『資治通鑑綱目』に倣って編纂させた『續資治通鑑綱目』の序文でも、憲宗成化帝は、朱熹の『資治通鑑綱目』について、次のようにいう。

[成化十二年十一月]乙卯(十五日)、『續資治通鑑綱目』成る。上(憲宗成化帝)序文を製《つく》り以て其の首に冠して曰く、朕(憲宗成化帝)惟《おも》うに天地の綱常(君を臣綱とし、父を子綱とし、夫を妻綱とするのを「三綱」、仁、義、禮、智、信を「五常」)の道　諸經に載り、古今の治亂の蹟　諸史に備わる。昔の帝王より「人文(人間の道徳的なありさま)を持って天下を化成す①」るは、未だ始めより經史に資《よ》らずんばあらず。我太宗文皇帝(永樂帝)五經・四書を表章し、『大全』を輯成す。綱常の道、粲然として復た明らかなり。後に作者有るも、「尚《くわ》う可からざるのみ②」。朕(憲宗成化帝)祇だ丕緒(国家の大業)を承け、經訓に潛心(専念)し、服膺すること有年(多年)なり。間に歴代の史書を閲《よ》むに、舛雜(雑駁)浩繁にして、殫《あまね》く紀《おさ》める可からず。惟だ宋儒の朱子(朱熹)司馬氏の『資治通鑑』に因りて、著して『[資治通鑑]綱目』を為《つく》り、權度(基準)精切(適切)、筆削　謹嚴なり。周の威烈王より五季に至るまでの治亂の蹟　瞭然(明白)なること諸《これ》を掌《たなごころ》に視るが如し③。蓋し深く孔子の『春秋』の心法を得る者有るなり。展玩(賞玩)の餘(以後)、因りて儒臣に命じて重ねて校訂を加え、鋟梓頒行さす……(『大明憲宗繼天凝道誠明仁敬崇文肅武宏徳聖孝純皇帝實錄』巻之一百五十九・「成化十二年十一月乙卯(十五日)」条)。

①『易』賁《ひ》卦彖傳に「観乎天文以察時變、観乎人文以化成天下(天文(自然のありさま)を観て以て時の變を察し、人文(人間の道徳的なありさま)を観て以て天下を化成す)」。

②『孟子』滕文公上に「曾子曰、不可。江漢以濯之。秋陽以暴之。皜皜乎。孟子不可尚已(曾子　曰く、不可なり。[先師孔子

の徳は」江漢　以て之を濯《あら》い、秋陽　以て之を暴《さら》す。皜皜乎《こうこうこ》として尚《くわ》う可からざるのみ、と）」とあり、「尚、加也（尚は、加えるなり）」と朱子は注する。

③『中庸』第十九章・第六節に「治國其如示諸掌乎（國を治むるは其れ諸《これ》を掌《たなごころ》に示《み》るが如きか）」。

（『續資治通鑑綱目』が完成した。上（憲宗成化帝）は序文を書かれて巻首に置かれた。その序文は次のようなものである。朕（憲宗成化帝）は以下のように考える。天地の三綱五常の道理は経書に載せられているし、古今の治乱のありさまは史書に備わっている。古来の帝王から「人文（人間の道徳的なありさま）を持って天下を化成（教化）する」のは、はじめから経書や史書に頼らないものはない。我が太宗文皇帝（永樂帝）は、五經・四書を顕彰して『大全』を編纂された。そのおかげで、三綱五常の道理は燦然としてまた明らかとなった。後にこうしたことを行なうものは「加えるべきものはない」ようになさった。朕（憲宗成化帝）は、ただ帝位を継承し、経書やその注釈に専念し、心に留め忘れないようにすること長年になる。その合間に歴代の史書を読んだが、雑駁で長く、すべてを理解することができなかった。ただ宋儒の朱子（朱熹）が、司馬光の『資治通鑑』に基づいて『資治通鑑綱目』を作ったものだけは、基準が適切で、編集方法がきわめて厳格であった。周の威烈王から五代に至るまでの治乱のありさまは、掌《たなごころ》を見るように明白に記してある。おそらくは深く孔子の『春秋』の伝える精神を得たものであろう。そこで玩味した後、儒臣に重ねて校訂を加えて、出版して頒布することを命じた）『資治通鑑綱目』を「基準が適切で、編集方法がきわめて厳格であった。周の威烈王から五代に至るまでの治乱のありさまは、掌《たなごころ》を見るように明白に記してある。おそらくは深く孔子の『春秋』の伝える精神を得たものであろう」とするのである。

付け加えると、内閣学士の商輅は、成化十三年に提出された「進續宋元資治通鑑綱目表」で、次のようにいう。

……伏して以《おも》えらく經は以て道を載せ、萬世の文明を闡く。史は以て經を輔し、累朝の鑑戒を昭らかにす。東魯の大聖（孔子）前に刪述し、考亭の大儒（朱熹）後に祖述す。[①]此れ『春秋』もて經中の史と爲す。而して『綱目』は實に史中の經なり……（萬曆三十年劉體元刻本『商文毅公文集』巻之一・表・「進續宋元資治通鑑綱目表」・一葉）。

①『中庸』第三十章第一節に「仲尼祖述堯舜、憲章文武（仲尼　堯・舜を祖述（遠くその道を宗とする）し、文［王］・武［王］を憲章（近くその法を守る）す）」。

（伏して考えますに、経書は道について説明し、万世の教化を明らかにします。また、史書は経書を補足し、歴代の王朝の教訓を明らかにします。東魯（魯）の大聖（孔子）は先に『春秋』を経書として整理編纂し、考亭の大儒（朱熹）が後にそれを『資治通鑑綱目』として祖述（その道を宗とする）しました。こうしたことから、『春秋』を経書中の史書としますし、朱熹が編纂した『資治通鑑綱目』を史書の中の経書とします）

『資治通鑑綱目』は史書の中の經書であるとするのである。

このように、憲宗成化帝は『資治通鑑綱目』を、経書と同じ価値あるものとし、歴代の人々に対する正しい判断が示された書物、つまり儒教的な価値判断が明らかにされた書物であると理解していた。

すると、（2）で検討したように、『資治通鑑綱目』においてなされた漢の景帝に対する否定的な評価は、間違いなく正しいものだと憲宗成化帝が考えていたことになる。こうした『資治通鑑綱目』で「漢の景帝」に贈られた「景」字を景泰帝の諡號としたということは、憲宗成化帝の「景泰帝」に対する評価を表わしていると考えられる。

景泰帝の帝號を復活させる（皇帝と呼ぶことを認めた）ことにより、父の英宗が「郕王」につけた諡の「戾」を変更することなく、皇帝としての景泰帝に諡號を贈ることが可能になる。ところが、諡號を贈るにあたって、父の英宗と同様に好い感情を抱いていなかった憲宗成化帝は、明朝の皇帝に贈られる十六字の尊号を四字の「恭仁康定」に限定し、帝號の復活の詔を公示させなかった。また、郕王（景泰帝）を明朝歴代皇帝の廟（宗廟）に置くことも認めなかったし、一見するとすばらしい諡號のように思える「景」字を贈ったのである。

このように諡號を通して見た憲宗成化帝の景泰帝への取り扱いは、父親の英宗と同じように冷淡である。ただ、父親の英宗が、やみくもに否定していったのに比べると複雑な批判の仕方を行なっている。こうして、憲宗成化帝は、郕王（景泰帝）の憲宗成化帝に対する処置を恨みに思わず、父の英宗の意志を継承して、郕王（景泰帝）の帝號を復活させ、諡號まで贈った行為は、「真に帝王の盛德」（『皇明歴朝資治通紀（皇明通紀）』）の持ち主であったとの評価を得ることになる。

注

（1）「景帝中後二年、舊史誤列冬十月歳終」の箇所は、「景帝の中・後の二年、舊史　誤りて「冬十月」を歳の終りに列す」と読めればいいのだが、そのようには理解しにくい。

というのも、『資治通鑑綱目』で、景帝の治世の元年〜七年・中元年〜六年・後元年〜三年のうち、「冬十月」が記録されるのは、「元年」・「三年」・「四年」・「中四年」・「中六年」・「後三年」の六ケ所であり、そのうち「四年」と「中四年」とが「冬十月」を歳終に置いている（宋刻本（中華再造善本影印版）『資治通鑑綱目』）。

また、憲宗成化帝が校訂・出版を命じた成化刻『資治通鑑綱目』では、「孝景皇帝四年」条の「冬十月、晦日食」と「孝景皇帝中四年」条の「冬十月、日食」が、それぞれ「［孝景皇帝］五年」と「［孝景皇帝中］五年」の歳首に変更して置かれている。

さらに、呂東萊の『大事記』巻十一・「漢孝景皇帝」条も、「冬十月」を「孝景皇帝五年」・「孝景皇帝中五年」の歳首に移している。

すると、憲宗成化帝が「舊史誤列冬十月歳終（舊史　誤りて「冬十月」を歳の終りに列す）」とするのは、「四年」と「中四年」の「冬十月」のことを指すかと考えられる。

「冬十月」を歳終に置いているのが、「四年」と「中四年」ということからすると、憲宗成化帝の序文の「景帝中後二年」は、「景帝の中・後の二年」もしくは、「景帝［年間］中の後二年」と理解するのではなく、「景帝［年間］中の［元年より］後ろの二つの年」と解釈するのであろうか。または、文字に誤りがあるのだろうか。しかし、憲宗成化帝が校訂・出版を命じた成化原刻本『資治通鑑綱目』の「御製資治通鑑綱目序」だけでなく、憲宗『實錄』に掲載される「資治通鑑綱目序」も「景帝中後二年」とあるので、誤記だとは即断できないと思う。

なお、萬曆以降に出版された『資治通鑑綱目』を見ると、成化刻『資治通鑑綱目』の変更に従わず、宋刻本のままにして、「錯簡」とする汪克寛の『考異』の説明を付記する。

（2）景泰帝も、朱熹の『資治通鑑綱目』について、次のようにいう。

……朕（景泰帝）惟うに古昔の帝王の盛徳大功は諸を典謨・訓誥・誓命の文に載す。春秋二百四十二年の事は孔子褒貶の書（『春秋』）に著わし、鑒と為すに足る者にして、「尚《くわ》う可からざるなり」（『孟子』滕文公上）。周の威烈王より梁・唐・晉・漢・周の五代の事に至るは朱文公（朱熹）の『通鑑綱目』に書す。亦た天下後世の公論の在る所にして泯《ほろ》ぼす可からざるなり……（『大明英宗法天立道仁明誠敬昭文憲武至德廣孝睿皇帝實錄』巻二百五十六・廢帝郕戾王附錄第七十四・「景泰六年秋七月乙亥（二日）条」）。

『資治通鑑綱目』が伝える周の威烈王から五代末までの事績は、「天下後世の公論の在る所にして泯《ほろ》ぼす可からざるなり」と考えているのである。

終章

復辟の詔や皇太后の制に見える、あからさまな郕王（景泰帝）批判からすると、郕王（景泰帝）の病に乗じて復辟した英宗は、郕王（景泰帝）に対して好い感情は抱いていなかったようである。北京に帰還してからの自分への処遇に憤りを感じ、英宗が郕王（景泰帝）に「戻」と諡したことは、容易に理解できる。

しかし、これでは天子としてあまりにも度量がないと思われてしまう。そのため、英宗『實錄』では、英宗の治世・行跡を総括して、次のように記す。

……其の［都に返還されて宮中の］南宮に歸するに及ぶに、閲歴（経過）すること七稔（年）なり。萬幾（政務）を脱屣（草履を簡単に脱ぎ捨てるように執着しない）して優游（悠々）自樂す。豈に復た重ねて尊位に履《つ》くの心有らんや。天順に正に返るは、蓋し上天の眷顧（加護）の自から然るなり。亦た臣民億兆（多く）の謀《はか》らずして同じく然りとするの心なり①、彼の天の功を貪る者は②、上（英宗）固より之を洞燭（明察）す。是《ここ》を以て終に其の欺冒（欺いて名をかたる）を容れず。［上（英宗）は］日月の無私に［すべてを］照照するの者のようなれば、情　克く隱す罔し。雷霆は無私に［すべてを］斷斷（断ち切る）たるの者のようなれば、慝（悪事）逃るる所罔し。何ぞ其れ聖ならんや。古の聖人　喜怒は天理を以てし己を以てせざる者なり。［上（英宗）の］政　玆《かく》の若《ごと》し。是《ここ》を以て「景泰」の紀年　上（英宗）は革めざるや、大統歴　之を載す。景泰の政事　上（英宗）は改めざるや、百司（百官）・庶府③　因りて之を行なう。此れ以て上（英宗）の同氣に友《ゆう》なるの心を見《しめ》す可きを観る……（『大明英宗法天立道仁明誠敬昭文憲武至徳廣孝睿皇帝實錄』巻之三百六十一・巻末）。

①『孟子』告子上に「心之所同然者何也。謂理也、義也（心の同じく然りとする所の者は何ぞや。謂わく理なり、義なり）」。

②『左傳』僖公二十四年に「竊人之財、猶謂之盜、況貪天之功以爲己力乎（人の財を竊《ぬす》むを、猶お之を盜と謂う、況んや天の功を貪《むさぼ》り以て己の力と爲すをや）」。

③『書經』立政に「虎賁、綴衣、趣馬、小尹、左右攜僕、百司庶府」とあり、蔡沈の『書集傳』は「百司は、司裘・司服の若《ごと》し。庶府は、内府・太府の屬の若《ごと》し」と注する。

（都に戻って宮中の南宮に落ち着かれてから、七年が経過した。政務については、草履を簡単に脱ぎ捨てるように執着なさらず、悠々と過ごされていた。だから、どうしてふたたび皇位に復帰されるようなお心があったであろうか。しかし、天順元年に復辟されることになったのは、上天のご加護によって自然にそのようになったことであり、臣民の多くのはからずもそうであってほしいとする気持ちからであった。人の手柄を横取りしようとする者については、上（英宗）はもとよりご明察なさっていた。そういうわけで、この欺いて名をかたろうとする者たちをお認めにならなかった。上（英宗）は、日月が無私にすべてを照らすようになさっていたので、心情は隠し通すことはできなかったし、雷霆が無私にすべてを斷斷（断ち切る）ようになさっていたので、悪事は逃れることはできなかった。ほんとうに聖なる明察ではないだろうか。古の聖人は、喜怒は天理を基準とし、自分の感情によることはなかった。上（英宗）の政治もそのようなものであった。そういうことから、「景泰」の年号は変更なさらず、そのまま大統歴に記載された。郕王（景泰帝）の政策も改めるようなことはなさらなかったので、役人たちはそのまま政務を執り行なえた。ここから、上（英宗）が兄弟の情に厚いということを示していることを理解できるであろう）

兄弟の情に厚かったから、郕王（景泰帝）が帝位にあった時の「景泰」の年号は、そのままにし、政策も改めることはなかった、というのである。もちろん、「戾」と諡したことなどは言及されない。

また、憲宗成化帝について、憲宗『實錄』は、その治世・行跡を総括して次のように述べる。

……景皇帝　嘗て［皇太子であった憲宗成化帝を］沂に封ずるの命有り、天下　之が為に平らかならず。［しかし］上（憲宗成化帝）未だ嘗て一語も之に及ばず。襄王　郕妃①を別館に遷すを請うも、許さず②。其の女《むすめ》の孤なるを憫れみ、為めに儀賓（宗室の親王・郡王の婿の呼称）を擇びて之を嫁がしむ。言事する者　或いは謂う景泰の舊臣當に起用するべからず、と。［憲宗成化帝は］拒みて聽かず。後、竟に帝號を復し、歲時の祭告（祭祀）諸陵と等し。盛德なるの事、曠古（古来）無《なみ》する所なり……（『大明憲宗繼天凝道誠明仁敬崇文肅武宏德聖孝純皇帝實錄』巻之二百九十三・「成化二十三年八月」条末）。

①景泰帝の皇后であった汪氏。景泰帝が、皇太子であった憲宗成化帝を自分の子に変更しようとした時、反対する。そのため、皇后の地位を廢される。

②［天順八年正月］庚辰（二十七日）、襄王瞻墡　奏すらく、「近ごろ聞くに德王（英宗の第二子）及び重慶公主（英宗の長女）外府の第に出居す、而して郕府王妃（景泰帝によって廢せられた汪皇后）は尚お其の間に參住し、往來朝謁す。恐らくは未だ便ならざる有り。請う別所に遷して宜しきと為さん」と。上（憲宗成化帝）曰く、「叔祖の言う所　良に是《ぜ》なり。但だ郕王妃　寡居し、孤女　未だ嫁せず。始め西内より外第（もともとの郕王府）に遷居さす。蓋し先帝（英宗）の盛德の事なり。今、若《も》し他に徙せば歸する所無し。其れ復た徙すこと勿れ」と（『大明憲宗繼天凝道誠明仁敬崇文肅武宏德聖孝純皇帝實錄』巻之一・「天順八年正月庚辰（二十七日）」条）。

（景泰帝の時に、皇太子であった憲宗成化帝は皇太子から沂王に地位の変更を命ぜられた。そのため、天下は不満に思った。しかし、憲宗成化帝は一言もそのことに言及しなかった。王府の襄王が景泰帝のもとの妃（景泰帝によって廢せられた汪皇后）を別館の遷すことを願い出たが、認めなかった。また、その娘が独身のままでいることを哀れに思って、婚姻相手を選定して嫁がせた。憲宗成化帝に提言する者たちのなかには、景泰帝に仕えていた官員は用いるべきでないと申し出た者もいたが、拒んで聞き入れなかった。後に、景泰帝の帝號を復活し、陵墓の祭祀も他の皇帝と同じようにした。徳を極められたことは、古来無かったことである」

景泰帝の帝號の復活（皇帝と呼ぶことを認める）したことと陵墓の祭祀を他の皇帝と同等にしたことは、憲宗成化帝の盛徳を示すすばらしい決断であったと称賛するのである。

ただこの決定は、景泰帝の帝號を復活（皇帝と呼ぶことを認める）し、陵墓の祭祀も他の皇帝と同じようにしたというだけである。しかし、それが憲宗成化帝の盛徳として評価されてゆく。

たとえば『皇明歴朝資治通紀（皇明通紀）』は、郕王の帝號の復活などの決定を「成化十年《ママ》十一月」に掛け、商輅の発言なども加えて、次のようにいう。

［成化十年］十一月、郕王の帝號を復し、尊諡を上《たてま》つりて「恭仁康定景皇帝」と曰う。是れより先、上（憲宗成化帝）景帝（景泰帝）の位號を復せんと欲し、太監の懷恩を遣りて内閣に至り議せしむ。商輅等　力めて之を贊《たた》う。［商］輅　手を擧げて額に加えて曰く、皇上（憲宗成化帝）の此の擧は、堯・舜の盛徳なり、と。明日、遂に文武の群臣に敕諭して曰く、曩者《さき》に、朕（憲宗成化帝）の叔の郕王（景泰帝）踐阼し、戡難（禍乱を取り除く）して邦を保ち、宗社を奠安（安定）すること、亦た既に有年（多年）なり。寢疾（病臥）して彌留（長患い）の際に屬し、姦臣　功を貪りて事（問題）を生（起こす）じ、妄りに讒構（讒言を行ない他人を陥れる）を興し、帝號を去らんことを請う。先帝（英宗）尋いで誣枉なるを知り、深く悔恨を懷き、次（順次）を以て姦を法に抵《あ》つ。［しかし英宗は］不幸にも上賓し、未だ擧正（過ちを正す）に及ばず。朕（憲宗成化帝）大統を嗣承し、茲に一紀（十二年）なり。敦く親親（親族への恩情を尽くす）を念い、用って先志を成す。其れ郕王（景泰帝）は、舊《もと》の皇帝の號に仍《よ》る可し、と。遂に尊諡を上《たてま》つる、云う《しかい》（『皇明歴朝資治通紀（皇明通紀）』巻之二十二・「甲午成化十年」条）。

（成化十一年四月、郕王（景泰帝）の帝號を復活し、謚號として「恭仁康定景皇帝」を贈った。この前に、上（憲宗成化帝）は景帝（景泰帝）の帝號を復活させようとし、太監の懷恩を内閣に派遣して議論させた。商輅は、それを称えて、額に手をあてて、皇上（憲宗成化帝）のこの行ないは、堯・舜の聖徳のようである、と述べた。その翌日に、文武の群臣に敕諭して、「以前、朕（憲宗成化帝）の叔父の郕王（景泰帝）は、帝位を受け継ぎ、禍乱を取り除いて領土を守り、国家を安定させること長年にわたった。［退位して］病で長く臥せていた時にあたって、姦臣が手柄を求めて問題を起こしたり、勝手に讒言して陥れたりして、郕王（景泰帝）の帝號を除くことを願い出た。先帝（英宗）は、まもなく郕王（景泰帝）は、冤罪に落とされたことをお分かりになり、深く後悔の念を懐かれた。そこで、次々と姦臣たちを罪に問われたが、不幸にしてお亡くなりになり、誤りを正すことはおできにならなかった。朕（憲宗成化帝）は、帝位を引き継ぎ、ここに十二年となり、親親（親族への恩情を尽くす）のことを思い、先帝（英宗）のお気持ちを成就させようと考えている。そこで、郕王（景泰帝）はもとの帝號を用いてもかまわないとしたい」と述べた。こうして、郕王（景泰帝）に皇帝としての謚號が贈られたという）

そして、次のようなコメントを附している。

按ずるに、景泰の儲宮の廢易は、憲廟（憲宗成化帝）以て憾みと爲さず。而して先志（英宗の意志）を追成し、其の位號を復し、加えるに美謚を以てす。真の帝王の盛徳なり（『皇明歴朝資治通紀（皇明通紀）』巻之二十二・「甲午　成化十年」条）。

（［憲宗成化帝は］景泰帝の憲宗成化帝に対する皇太子の廃位についての処置を恨みに思わず、父の英宗の意志を継承して、郕王（景泰帝）の帝號を復活させ、謚まで贈ったことは、ほんとうの帝王の盛徳である）

自分が受けた仕打ちを怨みに思わず、帝位を復活させ、すばらしい謚を贈ったのは、ほんとうの帝王の盛徳であると評価する。

さらに、清の乾隆帝も、次のようにいう。

……憲宗 能く前事（皇太子の地位を郕王（景泰帝）によって剥奪されたこと）を以て介懐（意に介する）せず。［郕王（景泰帝）の］帝號を復し、尋いで謚を加え、陵を修むを命ずるの詔旨あり。亦た藹然（盛んな）たる仁義なり。景泰に于いて親親（親族への恩情を尽くす）の情を敦くし、英宗に于いて繼述（継承）の大を成す。稱す可きなり……（『御批歴代通鑑輯覽』巻一百六・「成化十一年十二月、改謚郕戾王爲景皇帝」条の批文）。

（憲宗成化帝は、皇太子の地位を郕王（景泰帝）によって剥奪されたことを意に介さず、郕王（景泰帝）の帝號を復活し、謚號を贈って、陵墓を改修させるという命令を出した。これはたいへんな仁義の心からである。景泰帝に対しては親親（親族への恩情を尽くす）の情を深め、英宗に対しては繼述（継承）を尊重している。賞賛すべきである）

やはり、郕王（景泰帝）の処置を「稱す可きなり」とするのである。

ところが、憲宗成化帝はもともと廟號の復活（明朝歴代皇帝の廟（宗廟）に入れて祭祀する）は認めなかった。また、父の英宗が「郕王」に贈った謚の「戾」を変更する気持ちもなかった。ただ、最初に皇太子に冊立した第二子が早世したことから、第三子（後の孝宗弘治帝）を皇太子に冊立するにあたって、その無事の成長を願って、限定的な意味で景泰帝の帝號を復活するよう命じただけであった。もっとも、表向きは英宗の意志であるとするのであるが。そして、帝號を復活させる（皇帝と呼ぶことを認めた）ことにより、父の英宗が「郕王」に贈った謚の「戾」を変更することなく、皇帝としての謚號を贈ることが可能になる。父の英宗に対する孝を保ちつつ、皇太子のすこやかな生育を祈願できるのである。

その上、太祖洪武帝以外の明朝の皇帝に贈られる十六字の尊号を四字の「恭仁康定」に限定し、謚號を含めて「恭仁康定景皇帝」とし、さらに帝號の復活の詔を公布させなかった。また、郕王（景泰帝）を皇帝の廟（宗廟）に収めることも認めなかった。

このように諡號を通してみると、英宗・憲宗成化帝ともに景泰帝に対する処置は厳しいものがあったといえるのである。

人名索引

ア　行

カ　行

サ　行

タ　行

ナ　行

ハ　行

マ　行

ヤ　行

ラ行

■著者紹介

滝野 邦雄（たきの　くにお）

1957年　大阪市生まれ

大阪大学大学院文学研究科博士課程（後期）　中退

大阪大学助手（文学部），和歌山大学専任講師（経済学部）、
和歌山大学助教授（経済学部）をへて和歌山大学教授（経済学部）

〈主要業績〉

『李光地と徐乾學―康熙朝前期における党争―』など

明《みん》・景泰帝《けいたいてい》諡《し》號《ごう》研究《けんきゅう》

和歌山大学経済学部
研究叢書　26

令和５年２月16日　初版発行

著　者　滝《たき》　野《の》　邦《くに》　雄《お》

発行者　大　矢　栄　一　郎

発行所　株式会社　白桃書房《はくとうしょぼう》

〒101-0021　東京都千代田区外神田 5-1-15
☎03-3836-4781　Ⓕ03-3836-9370　振替 00100-4-20192
https://www.hakutou.co.jp/

印刷・製本　三和印刷

ISBN978-4-561-96323-3　C3322

発　刊　の　こ　と　ば

和歌山大学経済学部研究叢書

学問の世界のきびしさ。それはいまさら説くまでもない。一刻，一刻が精進であり，ある困難な問題ととり組んだとき，文字どおり寝食をも忘れた生活である。この修練に耐えうるのは，一つには，研究の成果をまとめて公けにする，という喜びがあるからである。ところが，出版の世界では学問の世界においてとは別な，営利の法則がきびしく支配している。学問的価値と営利的価値とは，必ずしも一致しない。「9年間お前の机の中に蔵っておけ nonum prematur in annum」ということは，ローマ人には通用しても，動きの早い今日の時代では，これを望むことは無理なことである。この矛盾を解決して，研究への熱意をあおり立てようというのが，本叢書発刊の主な理由である。

あたかも，ことしの秋，われわれの学園では，和歌山大学開学10周年と，その経済学部の前身である和歌山高等商業学校の創立35周年とを記念して，祝典があげられることになっている。そのさい，酒を酌んで喜びを分ちあうことも，たのしいことである。それと併せて，この叢書の刊行により新たな礎石を加えることによって，将来の発展をもたのしみたいのである。

昭和34年10月

和歌山大学経済学部研究叢書刊行委員会代表

後　藤　　清